三國志

난세의 영웅들!

- 대표 영웅들의 **캐릭터와 특징**을 묘사
- **연대별**로 전쟁과 반란·혁명과 배신·구제와 제거·외교와 대립·정권과 실권의 부침
- 공격과 방어 등 **진군로**를 지도로 표기
- 단원별 말미의 **미니지식**은 삼국지의 속담·사자성어·호족·관리의 지위·군대의 계급을 명시
- **부록편**은 당시의 풍속과 의식주를 일러스트로 묘사 등장인물 사전식으로 기술

TETTEI ZUKAI: SANGOKUSHI by Aki Enomoto
Copyright © 2007 Aki Enomoto

All rights reserved.
First published in Japan by SHINSEI Publishing Co., Ltd., Tokyo.

This Korean edition is published by arrangement with
SHINSEI Publishing Co., Ltd., Tokyo in care of Tuttle-Mori Agency, Inc., Tokyo.

Korea translation copyright © 2011 by Golden Bell Publishing Co.

불법복사는 지적재산을 훔치는 범죄행위입니다.

『저작권법』 제97조의 5(권리의 침해죄)에 따라 위반자는 5년 이하의 징역 또는 5천만원 이하의 벌금에 처하거나 이를 병과할 수 있습니다.

이 책을 펼치며

오늘도 황하의 상상양쯔강은 노노히 흐른다.

그 시작과 흐름을 따라 장구한 중국의 역사는 시작되었고, 명멸했던 나라와 영웅들은 모였다 흩어지기를 수없이 반복해 왔다.

이처럼 중국의 역사는 거대한 수레바퀴처럼 쉼 없이 돌아 오늘에 이르렀다. 그러는 동안 숱한 사상과 문화, 영웅들의 에피소드가 잉태되었으며, 그것이 동양 문명의 근간이 되었다. 그 중에서도 진시황이 최초로 대륙을 통일한 이래 한제국의 성립과 아울러 다시 분열되는 과정에서 삼국의 쟁패가 시작되었던 것이다. 『삼국지三國志』는 이 삼국의 대륙쟁패에서 치열하게 싸운 영웅들의 이야기인 것이다. 이 이야기는 단순한 영웅들의 무용담 만 실려있는 것이 아니다.

그 속에는 심오한 인간성의 추구가 담겨 있고, 정치철학의 정수가 실려 있는 것이다. 과거와 현대와의 끊임없는 대화가 그 속에서 교감하고 있는 것이다. 각박한 현대인들에게 들려주는 1800년 전의 영웅들의 함성은 우리에게 크나큰 인생의 교훈적 메시지를 던져주고 있는 것이다. 이 대화 속에서 우리는 삼국지의 저류에 흐르는 사상적 근원이 무엇인가를 찾고자 한다.

이 삼국지는 방대한 분량의 『삼국지연의』에 재미와 흥미를 더해 물 흐르듯 해석하고 심플하게 구성한 비주얼 삼국지이다. 바쁘게 살아가는 현대인들에게 이 책은 때에 따라서 소설과 정사正史를 대조해 보는 것으로 보다 질적인 교양과 지혜를 선사하며, 독자들에게 다가갈 것이다. 수많은 일러스트와 생생한 인물들의 삽화는 읽는 독자들에게 흥미를 배가시켜 줄 것이며, 한 권의 역사성 소설로 치부하기에 너무나 큰 서적을 고귀한 그림자를 드리운 유병룡씨에게 드린다.

책을 읽기 전…….

시작에 가진 것은 없지만 덕망 높은 한왕조의 후예 유비, 야심 넘치는 패왕 조조, 그리고 아버지와 형의 뒤를 이은 손권. 강대한 한왕조가 안으로는 부패와 환관들의 난동 끝에 쓰러져 가던 중, 이 세명이 쌓아올린 세 개의 왕조 - 위, 촉, 오가 어떻게 성립하고 어떻게 싸우는지, 그리고 어떻게 멸망해 갔는지를 그린 것이 『삼국지연의』다.

방대한 독자층을 가지고 있으며, 성서 다음으로 많이 읽힌 『삼국지』가 오해받기 쉬운 것이 이 이야기는 사실 史實 사료상 확인된 내용은 아니다. 이 원형이 되는 것은 실제 일어났던 일을 바탕으로 중국에서 무용담 등의 형식으로 길게 전해져왔던 이야기를, 「시내암 施耐庵」 혹은 「나관중 羅貫中」이라는 인물이 집대성한 것이다. 원래가 전승 이야기이기 때문에 많은 인물이 과장되어 그려진 경향이 있고 선인 등의 판타스틱한 인물도 등장한다.

그래서 이 과장되어진 이야기가 재미있는 것이다. 조조, 유비, 손권을 시작으로 하는 영웅들의 삶은 뜨겁고 격렬하며, 멋있다. 그런 그들이 격돌하는 전쟁은 피가 끓어오를 뿐 아니라 책략이나 음모가 뒤얽혀있는 모습에도 미묘한 차이의 재미가 있다.

이 책은 그 『삼국지연의』를 가능한 한 시대의 고증을 통해 컬러풀한 그림과 지도를 구현해 내어 한층 알기 쉬우면서도 「이 장면은 실제의 역사에서는 어땠을까?」라는 지식도 얻을 수 있도록 만들어졌다. 부디 본 책을 손에 넣고 장대한 삼국지연의 세상에 돌입하기 바란다.

※『삼국지연의』가 나관중에 의해 구전된 이야기의 집대성이라는 설은 모두가 맞는 이야기는 아니다. 많은 부분이 어디까지나 실제 역사에 기반을 두고 쓰여진 것이 틀림없다. 다만 사실을 재미있게 꾸미기 위해 과장시킨 부분이 있을 뿐이다.

차례

이 책을 펼치며 ·· 3
이 책을 읽기 전 ·· 4

1장 삼국지 영웅열전

유비 덕망 높은 영웅 ································· 10
관우 천리행(오관육참)의 용장 ···················· 12
장비 홀로 천군만마를 상대하다 ·················· 14
조운 단기돌파로 유선을 구하다 ·················· 16
제갈량 눈부신 전략의 천재 ························ 18
조조 천하를 제패하다 ······························· 20
조비 가혹한 아버지 조조의 후계자 ·············· 22
손책 강동의 호랑이 오에 기반을 마련하다 ···· 24
손권 인사(人事)의 달인 ····························· 26
동탁 잔인하고 난폭한 효웅 ························ 28
여포 당할 자가 없는 천하무적 ··················· 30
미니지식 | 삼국지 속의 속담 ❶ ····················· 32

2장 군웅할거, 어깨를 겨누다

AD180 경	후한의 부패 ······································· 36
AD180 경	활약한 주요 인물 폐제변/하황후/하진/영제 ··· 38
AD184	황건적의 난 ······································· 40

차례

AD184	활약한 주요 인물 장보/장량/장각/노식	42
	무기해설 | 후한시대의 무기류 ❶ 칼/검/모/창/노/활	44
AD189	혼란한 조정	46
AD190	반동탁연맹	48
AD190	활약한 주요 인물 원소/원술/손견/공손찬	50
AD192	동탁을 둘러싼 이야기	52
AD192	원소, 기주를 빼앗다	54
AD192	손견이 죽다	56
AD192	낙양의 혼란과 조조의 비약	58
AD193	조조, 도겸을 공격했지만 여포에게 당하다	60
AD196	조조, 황제를 맞이하다	62
AD196	유비, 여포를 보호해주지만 배신당하다	64
AD197	원술, 주제를 모르고 스스로 황제라고 칭하다	66
AD198	조조, 여포를 멸망시키다	68
	미니지식 | 삼국지의 속담 ❷	

3장 위나라의 탄생과 번성

AD196~199	손책전기	74
AD200	강동의 소패왕 손책의 죽음	76
AD200	활약한 주요 인물 황조/우길/태사자/장소	78
AD199	원술이 죽다	80
AD199	유비, 수도를 벗어나 서주에서 독립하다	82
AD200	동승의 책략이 탄로나 유비는 도망가다	84
	무기해설 후한시대의 무기류 ❷ 소차/발석차/충차/운제	86
AD200	원소, 조조와의 대규모 전투에서 패하다	88

AD184	활약한 주요 인물 안량/문추/순유/장료	90
AD200–207	유비, 형주로 가다	92
AD208	제갈량, 유비의 삼고초려에 세상 밖으로 나오다	94
AD208	소소, 승상에 취임하고, 제갈량은 실력을 발휘하다	96
AD208	유표가 병으로 죽고 유비는 남하하여 조조로부터 달아나다	98
	미니지식 l 호족이나 관리의 지위	100

4장 적벽대전부터 유비의 죽음까지

AD208	유비와 손권이 동맹을 맺고, 적벽에서 조조를 격파 ❶	104
AD208	유비와 손권이 동맹을 맺고, 적벽에서 조조를 격파 ❷	106
AD208	활약한 주요 인물 노숙/황개/주유/방통	108
	무기해설 후한시대의 무기류 ❸ 몽충/투선/루선/정/적마	110
AD208	주유의 부상	112
AD208	유비, 형주를 손에 넣다	114
AD211	마초와 한수, 서량에서 조조에 대항하여 군사를 일으키다	116
AD214	유비, 유장을 항복하게 하고 촉의 땅에 정권을 세우다	118
AD215	조조, 장로를 물리치고 한중을 점거하다	120
AD217	조비, 조조의 후계자가 되다	122
AD219	유비, 한중에 침공하여 한중왕을 칭하다	124
AD219	활약한 주요 인물 하후연/장승/장합/황충	126
AD219	관우, 손권의 배신에 의해 죽다	128
AD220	조조의 죽음과 조비의 즉위	130
AD221	유비도 황제의 자리에 오르지만 장비를 잃다	132
AD222	이릉전투와 유비의 서거	134
	미니지식 l 군대 계급	136

차례

5장 삼국(위·촉·오)은 신화 속으로

AD224	오·촉, 외교관계를 회복	140
AD225	제갈량, 남쪽 지방 정벌	142
	무기해설 | 후한시대의 무기류 ❹	144
AD225–226	조비가 죽다	146
AD228–231	제갈량, 북벌을 일으키다	148
AD228–234	활약한 주요 인물 조진/위연/사마의/강유	150
AD229	손권, 황제가 되다	152
AD234	제갈량 죽다	154
AD234–249	조예, 방탕한 생활로 죽다	156
AD234–	강유의 고독한 전투	158
AD234–253	손권의 죽음과 오의 내란	160
AD251–	사마 일족의 독선적 행동	162
AD263–264	촉의 멸망	164
AD265	위나라의 멸망과 진나라의 탄생	166
AD280	오나라의 멸망과 사마 일족의 중국통일	168
AD263–280	활약한 주요 인물 유선/손호/사마염/등애	170
	미니지식 | 다양한 삼국지	172

부록 자료편

풍속 옷	174
풍속 음식	176
풍속 주	178
인물사전	180

1장
삼국지 영웅열전

유비(劉備) 덕망 높은 영웅

생몰(生沒) 161~223 | **자(文名)** 현덕(玄德) | **출생지(生誕)** 탁군탁현(涿郡涿縣)

의롭고 어질게 산, 『삼국지연의』의 중심적 인물

전한前漢 BC 202~AD 8년의 중산정왕 유승中山靖王劉勝의 후예. 특이한 자태의 소유자로 양쪽 귀가 어깨까지 늘어지고 손은 무릎 아래에 닿으며, 자신의 귀를 눈으로도 볼 수 있었다고 한다.

불의에 대해 창궐하는 황건적을 진압하는데 참가했다. 이후 제후들이 궐기한 반反동탁 연합군에 참가, 여포와의 싸움, 조조와의 결별, 손권과 손을 잡은 적벽대전 등을 거쳐 익주益州 지금의 쓰촨성에 촉한왕조를 세운다. 『삼국지연의』의 초반부터 중반에 걸쳐서 그가 방랑 끝에 한 나라의 황제가 되기까지를 그린 이야기라고 할 수 있다.

의형제인 관우와 장비, 삼고초려로 아군으로 만든 제갈량을 시작으로 많은 사람들이 유비를 따랐으며 힘이 되었다. 그것은 그가 의를 존중하는 인덕을 가진 사람이기 때문이었으나, 그 때문에 배신을 당해 영토를 빼앗기거나, 반대로 영토를 얻는 좋은 기회를 맞이하는 경우도 있었다. 그러므로 이것이야말로 그가 예나 지금이나 높은 인기를 얻는 이유다. 또 한편으로 그러한 인덕 덕분에 경계 당하는 일도 많아서, 특히 조조는 그를 영웅으로서 두려워했다.

이 영웅의 신조는 덕(德), 인(仁), 의(義)다. 이것은 손에 쥔게 없는 자에게는 최상의 무기였는지도 모른다. 또 이 영웅은 연기로도 아카데미 주연급이다. 조조에게 의지하고 있을 때, 조조는 유비의 속을 떠보고 죽이려 했다. 생과 사의 절체절명의 순간에서 마침 벼락이 치자, 유비는 잔뜩 겁먹은 표정으로 탁자 밑으로 기어드는 겁쟁이처럼 연기를 연출했다.
그때 조조는 깜빡 속아서 「이놈은 영웅이 아니다. 죽일 가치도 없는 소인배에 불과하다」라며 살려주었다.
일설에는 도원결의 삼형제 즉, 유비, 관우, 장비의 순으로 서열을 정하였는데 관우가 유비보다 나이가 더 많았다는 이야기도 있다. 즉, 나이순으로 서열을 정하지는 않았다는 이야기다.

관우(關羽) 천리행(오관육참)의 용장(勇將)

생몰(生沒) ? ~ 219 | **자(文名)** 운장(雲長) | **출생지(生誕)** 하동군해양(河東郡解良)

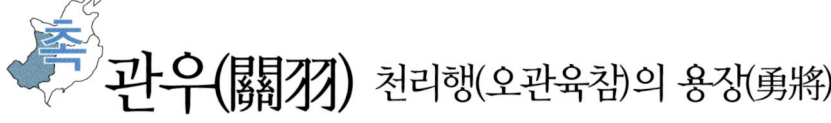

의리 있고 무용(武勇)이 뛰어났던 상업의 신

중국에서는 전쟁의 신이지만, 특히 상업의 신으로 추앙받는다

유비 의형제 중 한 명. 80근의 청룡언월도靑龍偃月刀를 가지고 붉은 땀을 흘리며 달린다는 적토마에 올라, 남다른 무예와 용맹을 자랑하며 오랜 의형제인 유비, 장비와 함께 싸워나간다. 멋진 수염鬚는 턱수염. 髥은 구레나룻을 기르고 있었기 때문에 「미자공美髭公」, 「미염공美髥公」 등으로도 불린다. 조조는 그 강인함과 의리를 존중하여 세 의형제가 흩어졌을 때는 자기 곁에 두고자 후하게 대우해 준다. 하지만 유비가 있는 곳이 판명되자 곧장 천 리를 달려가 의형제와 재회한다. 그리고, 후에 적벽대전에서 조조를 바짝 뒤쫓았을 때 옛 은혜를 이유로 그를 놓아 준 것은 은혜와 의리가 있는 인품을 잘 나타낸다.

위나라와 오나라에 협공을 받아 죽지만, 사후에도 그를 아끼는 사람들에 의해 「관성제군關聖帝君」이라는 신으로 모셔지고 있다. 유비와 만나기 전에는 소금 밀매인을 했다는 이야기 등이 있기 때문에 상업의 수호자로서도 숭상 받는다. 그 때문에 우리나라에까지도 인천의 화교촌과 서울의 동묘는 관우를 모시는 사당으로써 널리 알려져 있다. 요코하마를 포함한 세계 각지의 중국 화교가에는 그를 모시는 「관제묘關帝廟」라는 사당이 있다.

관우의 죽음에 대한 의문 ❶ : 다른 사료들을 찾아보면 중요한 전략 거점인 형주를 지키던 관우가 홀로 위와 오의 협공을 받고 있는데 어찌된 일인지 촉나라 조정에서는 원군 파병에 소극적이었다. 이건 공명의 의도된 책략이라는 설이다. 즉, 껄끄러운 정치적 상대인 관우를 자연스레 제거하기 위함이란 것이다.
관우의 죽음에 대한 의문 ❷ : 요충지인 형주를 관우에게 맡기면서 소수의 군사 만을 주었다는 것인데, 물론 자존심 강한 관우의 고집도 있었겠지만, 치밀하고 뛰어난 전략가 제갈량의 처사로 보면 뭔가 석연치 않은 조치란 것이다. 후세 사람들이 이런 위대한 무장의 쓸쓸한 죽음을 두고 만든 이야기일까?

장비(張飛) 홀로 천군만마를 상대하다

생몰(生沒) ? ~ 221 | **자(文名)** 익덕(翼德)(익덕(益德)) | **출생지(生誕)** 탁군(涿郡)

정도 많지만 무력(武力)도 상당히 강한 삼형제의 막내

유비의 의형제 중 한 명으로 유비와 관우를 형으로 모셨다. 혼자서 만군萬軍을 필적하는 맹장猛將인 한편, 술을 폭음했을 때는 부하를 함부로 다루는 등의 난폭한 성격의 소유자이다. 같은 의형제인 관우기 의인으로서 신격화되어질 정도로 존경받는 반면, 장비는 결점도 가지고 있으며 인간적으로 사랑 받을 만한 인물로서 인기가 있다. 또, 유비에게 후대 받는 제갈량을 처음에는 싫어하였으나 한 번 제갈량의 실력을 인정한 순간부터 그를 신뢰한 것은 그의 장점을 잘 나타내주고 있다.

물론, 그에 대해서는 무용담武勇傳도 많이 알려져 있다. 사모蛇矛를 휘둘러 적장수를 쓰러뜨리고 장판교長坂橋에서는 혼자서 다리 위에 버티고 서서 위나라의 대군을 훌륭히 쫓아낸다. 게다가 익주전益州戰쯤 부터는 용勇뿐 아니라 지智도 갖춰, 적이었던 엄안을 용서하여 아군으로 삼거나, 한중漢中에서는 장합을 상대로 지략智略을 발휘해 승리를 얻는 등, 내면적으로도 상당히 깊은 모습을 보여준다.

『삼국지연의』에서는 작품의 재미를 더하기 위해서 장비가 백정으로 묘사되어 있지만, 마음이 여린 구석이 있다. 정사에는 그가 지방 부호의 아들로 기록되어 있다. 따라서 시와 문장에도 일가견이 있었다고 기록되어 있다.
예를 들어 출전 전날 밤에 내일이면 자기 손에 죽임을 당할 적장의 죽음을 애도하는 시가 남겨져 있다. 물론 술도 함께 하면서…. 인간 장비의 그러한 행적이 지금도 그의 고향 탁군에는 기록과 함께 유물이 남아 있다.

조운(趙雲) 단기(單騎)돌파로 유선를 구출하다

생몰(生沒) 158 ~ 229? | **자(文名)** 자룡(子龍) | **출생지(生誕)** 상산군 진정현(常山郡 眞定縣)

본 일러스트는 「한국어 번역판」을 위해 도서출판 골든벨에서 독자적으로 그린 일러스트입니다.

장판전투에서 이름을 날린 상산의 조자룡

「상산의 조자룡」으로 유명한 맹장 중 하나이며, 촉나라의 오호대장군 중 한 명. 후에 조조에게 서주를 잃은 유비가 원소에게 의지하자 조운은 유비를 접견하고 그를 따르기로 한다. 장판전투에서 유비의 어린 아들 유선을 가슴에 품고 단기돌파를 시작으로 화려하고 수많은 무술과 용맹을 띠시며 수많은 승리를 낳았다.

유비가 죽은 후 228년 제갈량과 함께 위나라로 출병을 하게 된다. 제1차 북벌 정벌에 실패한 제갈량 밑의 모든 장수들은 강등되고 조운 또한 진군장군鎭軍將軍으로 좌천되고 만다. 그 후 261년에 대장군 순평후大將軍順平侯라는 시호를 받는다.

조운은 관우나 장비와는 달리 이치에 맞는 행동만 하고 누구에게나 모두 예를 갖춰 대하는 무장으로 묘사가 되고 있으며 실제 역사에서도 그를 삼국을 통틀어 최고의 무장으로 평가하고 있다. 전장에 나가 한 번도 패한 적이 없었으며, 제갈량의 북벌 시대까지 살며 숱한 무공을 세웠으며, 제갈량의 4차 북벌 중 성도에 있는 그가 죽었다는 소식을 듣자, 탄식하며 「나의 한쪽 팔을 잃은 것과 같다」라고 통곡을 했다고 한다. 그는 수많은 촉나라의 무장들과 달리 천수天壽를 다하고 죽는다.

삼국지 정사에서는 「유비는 조운과 같은 침대에서 잠을 잤다」라고 되어 있고, 『삼국지연의』 또한 의형제를 맺은 관우나 장비와 동등한 대우를 받은 것으로 묘사된다. 『삼국지연의』에서도 북벌 당시에, 제갈량이 「지금 내가 생각하는 장수 중 한 사람만 있더라면 이렇게 고전하지 않았을 것이다. 그는 조운이다.」라고 할 정도로 촉나라에 없어서는 안 되는 인물로 묘사되고 있다.

제갈량(諸葛亮) 눈부신 전략의 천재

생몰(生沒) 181 ~ 234 | **자(文名)** 공명(孔明) | **출생지(生誕)** 낭야국양도현(琅邪國陽都縣)

천재참모는 주군(主君)을 위해 목숨을 걸고, 오장원에서 죽다.

복룡伏龍, 와룡臥龍이라고도 불리는 군사. 농민으로 살고 있었으나 유비의 뜻을 받고 그의 진영에 들어간다. 이후에는 그 덕분에 다양한 책략을 세워 전투를 하고, 유비가 죽은 후에는 촉나라의 승상으로서 강국 위나라와 싸웠다.

그 활약은 실로 눈부셨다. 또한 삼국시대를 상징하는 「천하삼분계天下三分計」를 제창한 인물이기 때문에 제갈량이야말로 『삼국지연의』 이야기의 중반부터 종반에 이르기까지 주인공이라 할 수 있다

전쟁에 임하여 군대를 다스리는데 있어서는 소수로 다수를 상대하여 승리하고, 외교관으로서 타국他國에 가서 뛰어난 말재주로 자신이 생각하는 대로 상대를 유도했다. 또한, 발명가로서의 재능도 가지고 있어 수송도구인 목우木牛와 유마流馬, 한 번에 10발의 활을 발사하는 연노連弩를 고안해 전쟁을 유리하게 이끌었다.

게다가 도교술道敎術에도 능해서 적벽에서는 불어올 리 없는 남동풍을 불게 하고, 오장원에서는 북두칠성에 기원해 자신의 수명을 늘리고자 했다. 하지만, 여기서는 실패한다.

정사에서는 제갈량의 「천하삼분계」 이전에 오나라 재상 노숙이 천하를 2등분하는 즉, 「천하이분지계(天下二分之計)」라는 전략이 있었다. 제갈량이 유비를 만남으로써 전국(全國)의 패권 형세가 바뀌자 노숙의 천하이분지계는 없던 것이 되었다.
제갈량이 역사에 이름을 남긴 가장 중요한 점은 주군인 유비와의 사이에서 지킨 「수어지교(水魚之交)」이다. 운명이 다할 때까지 두 사람의 군신의 관계에 변함없다는 뜻에서 나온 말인데 제갈량은 유비의 유언으로 군주가 될 수 있는 기회를 버리고 바보 같은 유선이 죽는 날까지 황제로 받들었다.

조조(曹操) 천하를 제패하다

생몰(生沒) 155〜220 | **자(文名)** 맹덕(盟德) | **출생지(生誕)** 패국초현(沛國譙縣)

풍부한 재능과 강열한 카리스마를 갖춘 유비의 숙적

유비가 덕망 높은 『삼국지연의』의 선인이라고 한다면, 조조는 강렬한 매력을 갖춘 악인이다. 아명은 「아만阿瞞 : 교활한녀석」. 더욱이 젊은 시절에는 세인들에게 「치세治世의 능신能臣」, 「난세亂世의 간웅姦雄」으로 불렸으나 오히려 이것을 기뻐했다고 한다.

황건적黃巾賊의 난亂에서부터 계속된 전란의 시대에 두각을 나타내어 여포, 원술, 원소 등의 이름난 군웅을 무찌르고, 허수아비 황제 헌제獻帝를 스스로 내세워 눈 깜짝할 사이에 최대 세력이 되었다. 천하통일을 눈앞에 두고 적벽대전에서 손권과 유비에 의해 막대한 타격을 입었으나 곧 막강한 군사력을 복원해 낸다.

또한, 자신이 우수한 군인, 정치가인데다가 중국문화역사상 유명한 문인이기도 한 조조는 동시에 유능한 인재를 소중히 했던 것으로 알려져 있다. 조조의 슬하에는 우수한 무장, 관료가 많이 모여 있었고 인재에 욕심이 많아서 아무리 적이라 해도 그 실력이 인정되면 조조는 칭찬을 아끼지 않았다. 자신에게 복종하는 일이 없었던 관우에게 그렇게 집착하는 것에서부터 알 수 있다.

역사에서는 조조의 뛰어난 정략과 전략은 순욱이라는 명참모의 힘이 컸다고 한다.
조조는 인재 욕심이 남달라서 당양 장판파(長板坡)에서 유비의 어린 아들 유선을 품에 안고 포위를 뚫으려는 조운의 무훈을 보고 탐을 내어 그를 사로잡을 것을 명함으로써 결과적으로 아까운 자기 수하 장수만 여럿 잃게 된다.
조조는 병법에도 능통하여 여러 권의 병서를 지어냈고, 그 중에서 『손자병법』도 정리하였다. 국내적으로는 세계 최초의 원호법(援護法)을 실시하여, 자신을 위해 싸우다 죽은 장병의 가족에게는 땅을 나누어 주어 보상했다. 또 둔전법(屯田法)을 세계 최초로 도입하였다.

조비(曹丕) 가혹한 아버지 조조의 후계자

생몰(生沒) 187~226 | **자(文名)** 자환(子桓) | **출생지(生誕)** 패국(沛國)

동생과의 경쟁 끝에, 초대 위제의 자리를 얻은 아들

조조의 아들. 아버지의 뒤를 계승한 위왕이 되어 후한의 마지막 황제 헌제를 무참히 폐하고 초대 위황제 문제文帝가 된다. 다른 나라 정벌에 있어서는 오나라에 세 번 원정을 가 지긴 하였으나 내정에 있어서는 안정적이었다. 이 시기, 딱히 큰 전쟁도 일어나지 않았기에 우수한 정치가가 됐다고 봐도 좋을 것이다. 아버지와 형제들과 같이 시에 있어 풍부한 재능을 타고났다.

25명의 형제가 있었던 탓인지, 아버지로부터 물려받은 시기하고 무자비한 성격 탓인지 육친에게 가한 처사는 꽤 가혹했다. 특히 후계자 자리를 두고 경쟁했던 조식과는 격하게 대립해, 즉위 후에 조식을 살해하려고 했던 적도 있다. 이 때, 조식은 가까스로 목숨은 건졌지만, 실제로 살해당한 동생도 있다. 또한, 좋음과 나쁨이 분명한 성격이었다고 한다. 예를 들어, 조조 때부터의 숙장인 우금이 관우에게 붙잡혔을 때 목숨을 구걸해 가까스로 목숨을 건진 것을 그림으로 묘사해 모욕을 주어 분사憤死하게 한 것이 그것을 잘 나타내준다.

조조는 장자 조비, 조창, 조식, 조웅 이렇게 네 아들을 두었는데, 그 중에서 글재주가 뛰어난 3남 조식을 특히 아꼈다. 조조의 사후에 후계 쟁탈전이 벌어졌는데, 장남 조비는 중신 관료들의 비호를 받아 2대 위왕에 등극하였다.
조비는 눈의 가시 같았던 조식을 불러 죽이고자 했는데, 조비는 조식에게 수묵화 한 점을 가리켜 발걸음 일곱 안에 시로 풀어보라고 한다.
조식은 지체 없이 시를 풀어 읊었다. 조식은 「형과 아우」라는 제목으로 조비가 운을 떼자마자 시를 읊었는데, 그때 조식이 울며 읊은 시는

「콩깍지를 태워 콩을 볶는다 / 솥 속의 콩이 우는구나 / 원래 뿌리는 하나인데 어찌 이렇게 급하게 볶아 대는가」 였다.
조비는 이 시를 듣고 차마 조식을 죽일 수 없었다.

 손책(孫策) 강동의 호랑이 오(吳)의 기반을 마련하다

생몰(生沒) 176~200 | **자(文名)** 백부(伯符) | **출생지(生誕)** 오국부춘(吳郡富春)

강동(江東)의 소패왕(小霸王), 꿈을 동생에게 맡기고 독과 저주에 쓰러지다.

손견의 장남으로 손권의 형. 손견이 죽은 후 원술의 비호 아래 객장 客將으로 활약했다. 하지만, 아버지가 남긴 옥새를 넘기고 대신 군사를 빌려 그것을 계기로 독립해 강동에 세력을 세운다. 「강동의 소패왕」이라고도 불린다.

그는 아버지를 모시던 옛 신하뿐만 아니라, 스스로 유능한 가신들을 많이 불러들였다. 그 중에서도 유명한 자가 소년시절부터 벗으로, 그 우정의 깊이가 「단금지교 斷金之交 ; 쇠라도 끊을 정도의 굳고 단단한 사이」라고 전해지는 주유이다.

조조는 원래 손책을 「아버지의 후광을 입은 인물일 뿐, 영웅은 아니다」라고 여기고 가볍게 보았다. 하지만 무예와 용맹이 뛰어나고 대범한 성격을 가져, 인기도 높고 인재를 어떻게 대우해야 하는지 잘 알고 있었던 손책은 더더욱 그 세력을 확대시켜 간다.

그 활약에 조조가 한숨을 쉴 정도였다. 하지만 자신이 죽인 요승 妖僧인 우길의 저주를 받고 그 후사를 동생인 손권에게 맡기고 큰 뜻을 이루지 못한 채 세상을 떠나게 된다.

여기서 등장하는 손책을 죽인 우길은 정사에는 없다. 어디까지나 재미를 더하기 위한 『삼국지연의』를 쓴 저자의 보태여 쓴 것처럼 보인다.

손권(孫權) 인사(人事)의 달인

생몰(生沒) 182～252 | **자(文名)** 중모(仲謀) | **출생지(生誕)** 오군부춘(吳郡富春)

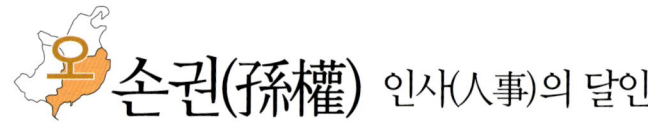

강동의 붉은 머리털의 벽안아(碧眼兒), 현자(賢子)를 발탁해 적재·적소에 잘 쓰는 인사의 달인

손견의 둘째 아들로서 오나라 초대 황제이다. 손권의 풍모는 특이하다. 전해 오는 이야기로는 붉은 머리털에 붉은 수염을 가진 하얀 얼굴에 팔은 길어서 무릎 아래까지 내려온다고 전한다.

혹시 모계쪽에서 서양계통 또는 아랍계통의 혈통이 아닌가도 싶다. 그는 약관 19세에 강동의 오나라의 군주로 등극한다. 후에 주변형세와 세력판도를 간파한 그는 인재의 등용에 주력한다.

장강의 잇점을 충분히 살려 해군력을 키우고 북방으로부터의 위협을 대비코자 했으며, 안으로는 현자를 물색하여 등용함으로써 내실을 튼튼히 하였다.

물론 손책과 손견이 닦아놓은 기반으로 강동의 6주를 다스리는 군주의 자리에 올랐으나 손권이 등극한 시대에 와서는 주변 형세가 예전과 비교해 더욱 치열하고 긴박한 정세로 돌입하고 있던 시대였다. 중앙의 황실을 등에 업은 강력한 조조의 위나라와 새롭게 부상한 유비의 세력 나중에 촉나라 속에서 손권은 한편으로는 외교력으로, 한편으론 국방력으로 정세를 가다듬어 갔다.

조조의 80만 병력을 절벽에서 물리친 쾌거는 손권의 빛나는 결단력과 통치력의 결과물이다.

사실 손권의 시대는 삼국시대에 조조, 유비와 함께 3웅의 천하 쟁패 시대인 것이다.

기타 동탁(董卓) 잔인하고 난폭한 효웅(梟雄) _{사납고 용맹스러운}

생몰(生沒) ? ~ 192 | **자(文名)** 중영(仲穎) | **출생지(生誕)** 농서군린도(隴西郡臨洮)

한 왕조를 주무른 대악당, 여자를 둘러싼 다툼으로 살해당하다

극악무도한 행동으로 『삼국지연의』 초반의 악역으로 군림한 야심가. 살덩이가 잔뜩 붙어있어 사후 분노한 자들에 의해 배꼽에 심지를 박아 붙인 불꽃이 며칠을 계속해서 불탔다고 한다.

이야기 초반에는 환관宦官들이 끌어들인 좌천당한 전임자를 대신하는 장군이었다. 황건적의 난에서는 별 활약은 못하고 위험에 빠져 유비와 그 동료들이 목숨을 구해주었다. 하지만 그들이 관직이 없음을 알자 손바닥 뒤집 듯 태도를 바꿔 푸대접 하였다.

그 후에는 양주涼州에서 힘을 비축해, 황제의 외척과 환관이 다투는 틈을 노려 새로운 황제를 세우고, 절대권력을 휘둘렀다. 그 행동에 분노한 군웅群雄들에 의해 「반동탁연맹反董卓連盟」이 결성된다. 하지만 동탁이 낙양洛陽을 모조리 태워버리고 장안長安으로 이동하자 연합군은 해산되었고, 각자의 계산에 의해 세력끼리 다투기에도 벅찼다.

이것으로 동탁의 세상이 왔다고 생각했으나 호사다마라고 절세의 미인 초선을 이용한 왕윤의 미인계에 넘어가, 양자인 여포에게 살해당한다.

동탁은 출생지 농서(隴西)에서도 밝힌 바 본토에서 먼 서쪽의 변방에서 거칠게 성장했다. 그래서 그는 늘 수도 낙양을 동경해 왔으며, 국경을 지키는 수장으로 오르자, 여러 차례 황실에 자신의 입경을 바라는 상소를 올렸다. 그러나 황실은 그를 받아들이지 않았다. 마침내 황건의 난으로 정국에 일대 혼란이 오자, 정부의 관리들은 급한 나머지 이를 진압코자 그를 추천하여 불러들인 것이다.

황건의 난이 어느 정도 진압되자 그는 떠나지 않고 수도에서 멀지 않은 곳에 군대를 주둔시키고 기회를 엿보다가 십상시의 난이 터지자, 곧바로 군대를 이끌고 수도로 입경해 정권을 잡은 것이다.

여포(呂布) 천하무적 그러나 배신의 달인

생몰(生沒) ? ~ 198 | **자(文名)** 봉선(奉先) | **출생지(生誕)** 오원군구원현(五原郡九原縣)

무적의 맹장(猛將)은 배신을 거듭하며, 생애를 보낸다.

『삼국지연의』에 걸쳐 최강의 장수를 꼽으라면 여포를 꼽을 수 있다. 유비, 관우, 장비 3인을 상대로 막상막하로 싸울 정도의 힘을 자랑했지만 한편으로 책략에는 약해 몇 번이고 따끔한 맛을 보았다.

원래는 변주감찰관弁刺州史 정원丁原의 양자였으나, 희대의 명마 직도마赤兎馬에 마음을 빼앗겨 의붓아버지를 배신하고 살해, 동탁의 양자로 들어간다. 여포와 적토마, 양쪽의 훌륭함은「사람 중에는 여포, 말 중에는 적토」라고 칭찬할 정도였다. 이후, 여포는 동탁군의 선봉에 서서 활약했으나, 절세의 미녀 초선에 매료된 것이 계기가 되어 동탁과 대립, 결국에는 두 번째 양부모를 살해한다.

그 후에도 그의 배신 행각은 계속된다. 여러 영웅들을 방문하지만 그를 받아들이는 자가 없을 때, 유비가 그를 받아들였으나 또 배신하고 영토를 빼앗는다. 최후에는 조조와 유비의 연합군을 상대하다가 붙잡힌다. 그럼에도 불구하고 자신의 무력을 어필해 목숨을 구걸하지만, 그를「죽여야 마땅하다.」는 유비의 의견에 수긍한 조조에 의해 처형당한다.

무력으로 여포를 이겨낼 자는 없다시피 했다. 허나, 그에게는 지략이 없었다. 그런 그를 옆에서 보좌한 사람이 한 명 있었으니 그가 바로 진궁이다. 이 사람에 대해서 나중에 나오겠지만, 진궁은 머리가 부족한 여포를 몇 번씩이나 추슬러 세웠으나, 결국에 가서 조조, 유비의 연합군에 사로잡히는 몸이 되었다.
인재를 탐하는 조조는 그를 아깝게 생각하여 자기 사람으로 만들고자 했으나, 진궁은 조조를 불의의 인간으로 여겨 거절한다. 그리고 죽음으로 답을 대신 하게 된다.

미니 지식 삼국지의 속담 ❶

삼국지는 고대 중국에 실제 있었던 일을 바탕으로 한 이야기이기 때문에 속담이나 고사성어의 낱말로 된 사건들이 많이 포함되어 있다. 또, 『삼국지연의』에 의해 창작된 사건이 고사성어로 쓰이는 것을 보아 「연의演義」라는 이야기가 널리 퍼져 있는 것을 잘 알 수 있다.

물론 분문에서는 그런 일들에 대해 여러 가지로 소개하고 있다. 유비만 보더라도 한때 평화로웠던 덕분에 몸이 둔해지는 것을 한탄한 「비육지탄髀肉之嘆」 제갈량을 부하로 삼았을 때의 「삼고초려三顧草廬」, 그 후 자신과 제갈량의 관계를 일컬었던 「수어지교水魚之交」 등이 있다. 그 외에도 적벽대전의 「고육지계苦肉之計」나 제갈량의 「읍참마속泣斬馬謖」 등을 본문에서 다뤘으나, 실제로는 이것 외에도 삼국지의 시대에 사건이나 『연의』로부터 탄생한 말이 많이 있다. 그럼, 여기서 그런 속담들을 살펴보자.

- **건곤일척(乾坤一擲)** 운명과 흥망을 걸고 단판걸이로 승부를 걸음. 조조가 오나라로 대군을 이끌고 쳐들어오자 오나라 손권이 칼로 탁자를 동강내며 결전을 결심할 때 나온 말이다.
- **견마지로(犬馬之勞)** 임금과 나라에 충성을 다하는 겸손한 말로써 삼국지에 자주 나오는 말이다.
- **계륵(鷄肋)** 닭의 갈비. 먹자니 먹을 게 없고, 버리자니 아까울 때 쓰는 말. 조조가 한중(漢中) 전투 때 유비군과 있는데 저녁 식사로 닭을 먹다가 닭갈비를 들고 난처한 표정을 지으며 그날 밤의 암호를 계륵(鷄肋)으로 하라고 명했다. 그 말을 들은 참군 양수(楊修)가 조조의 심중을 파악하고 군사들에게 퇴각의 짐을 꾸리라고 명한다. 물론 이 일로 양수는 조조의 미움을 사 죽임을 당한다.
- **고육지계(苦肉之計)** 적을 속이는 수단으로써 제 몸을 괴롭혀서 돌보지 않고 쓰는 계책. 적벽대전(赤壁大戰)을 앞두고 오나라의 노장 황개는 총사령관 주유와 상의하여 거짓 죄를 물어 제 몸에 고문을 가하게 해서 조조를 속여 투항하는 척 한 다음 조조의 선단에 화공을 가해 승리한 계책.
- **권토중래(捲土重來)** 한 번 패하였다가 다시 세력을 회복하여 쳐들어감. 서량(西凉)의 마초 가문이 조조에게 패하여 쫓겨가지만, 마초는 이를 갈며 군대를 길러 복수를 벼른다. 마침내 때가 오자 마초는 조조에게 도전하여 조조를 거의 죽음에 이르도록 복수한다. 이 싸움에서 조조는 기르던 수염까지 자르면서 도망갔다.

- **담대심소(膽大心小)** 배짱이 크고 좋으면서 세심한데까지 신경을 써야 한다는 말.
- **마상득지(馬上得之)** 말을 타고 싸우며 동분서주하여 천하를 얻는다는 말인데, 조조가 청년 시절 야망을 불태우며 내뱉은 말이다.
- **백미(白眉)** 형주(荊州)에는 마씨(馬氏) 오형제라는 뛰어난 재능을 가진 일족(一族)이 있었다. 그들 중에서도 특히 우수한 자가 후에 유비를 섬긴 마량이다. 그의 눈썹에 하얀 털이 섞여 있었던 탓에, 「마씨 오형제는 모두 뛰어나지만 그 중에서도 흰 눈썹이 가장 훌륭하다(馬氏五常 白眉最良).」라는 말이 탄생했다. 그로부터 탄생한 말이, 형제 중에서도 가장 우수한 자, 한층 더 넓게는 많은 것 중에 가장 뛰어난 자를 나타내는 「백미」라는 속담이다. 이와 관련해 마씨 오형제 중에서 막내는 앞서 언급한 「읍참마속(泣斬馬謖)」이라는 말의 근원이 된 마속으로 그 외 세 명은 어떤 인물이었는지 알려지지 않았다.
- **분골쇄신(粉骨碎身)** 뼈가 가루가 되고 몸이 깨지도록 노력한다는 말. 즉, 목숨을 내놓고 적과 싸우겠다는 뜻임.
- **삼고초려(三顧草廬)** 유비가 남양의 융중(隆中) 땅에 있는 제갈량의 초려(초가)를 아우 관우와 장비의 만류에도 불구하고 세 번이나 찾아가 큰 뜻을 말하고 그를 불러들여 군사(軍師)로 삼은 일을 말함이다.
- **이일경백(以一警百)** 한 사람의 악(惡)을 징계하여 백 사람을 경계함. 조조가 적벽에서 대결전을 앞두고 한 말이다.
- **일기당천(一騎當千)** 보통이 아닌, 기술이나 경험이 뛰어난 특별한 인물을 일컫는 말인데, 조운이나 마초를 일컬어 주위 사람들이 칭송하는 말이다.
- **오합지중(烏合之衆)** 갑자기 모집한 훈련 안된 군사, 또는 사람들을 말한다.
- **출장입상(出將入相)** 나가서는 장수가 되어 승리하고 안으로 들어와서는 유능한 재상(宰相)이 된다는 말. 조조와 제갈량을 사람들은 이런 말로 칭송했다.
- **파죽지세(破竹之勢)** 진나라가 삼국 중에 마지막까지 남은 오나라를 공격했을 때이다. 진나라 장군인 두예의 동료는 「지금은 강에 물이 범람할 시기라 때가 좋지 않다. 공격을 기다리는 것이 어떠한가?」라고 제안했다. 그러자 그는 「지금이야말로 우리 군사의 세력으로 공격한다면, 대나무가 쪼개지듯, 적은 모두 항복할 것이다」라고 답했다. 이것은 계절의 '절(節)'과 대나무의 '마디(節)'를 붙여서 만든 표현이었지만, 두예는 실제로 엄청난 기세로 오나라를 공격해 멸망시켜 버렸다. 이후로부터 맹렬한 기세를 두고, 대나무를 한 번에 쪼갤 듯한 이미지를 포착해, 「파죽지세」라고 일컫게 되었다.
- **호부무견자(虎父無犬子)** 호랑이 아비에게서 못난 개의 자식은 안 나온다는 말로써 유비가 관우의 아들 관흥과 장포를 두고 한 말이다.

184년	장각, 두 명의 형제와 함께 황건적의 난을 일으키다.
	유비, 관우, 장비 의형제를 맺다
189년	영제 사망, 소제변이 즉위하다.
	하황후의 남동생 대장군 하진이 환관들에게 살해당하고,
	조조가 그 앙갚음하다.
	동탁, 낙양에 이르러 정치의 실권을 장악하다.
	소제가 폐위당하고, 동생인 협이 헌제로 즉위하다.
	원소, 조조, 잇달아 낙양을 떠나다.
190년	반동탁연맹군이 결성되고, 낙양에 진군하다.
	유비, 관우, 장비 호로관에서 여포와 싸우다.
	동탁, 낙양을 모조리 불태워버리고 장안으로 수도를 옮기다.
191년	손견, 옥새를 입수해서 강동에 돌아오다.
	반동탁연맹군, 해산하다.
192년	원소, 공손찬을 무찌르고 기주를 얻다.
	유표를 공격하던 손견, 활에 맞아 죽다.
	여포, 왕윤의 계략에 빠져 동탁을 죽이다.
193년	조조, 아버지 조숭의 원수를 갚기 위해 서주의 도겸을 공격.
194년	여포, 조조가 없는 연주를 빼앗다. 조조 서주에서 후퇴.
	서주목 도겸, 병사하여 유비에게 지위를 물려주다.
195년	여포가 조조에 지고, 유비에 몸담다.
	장안을 탈출한 헌제, 잿더미로 변한 낙양으로 돌아오다.
196년	조조, 헌제를 맞아 들이고 허도를 수도로 하다.
	유비, 순욱의 계략으로 서주를 여포에게 빼앗기다.
	손책, 옥새를 원술에게 맡기고 강동에서 독립하다.
197년	옥새를 얻은 원술, 황제라고 칭하다.
198년	조조와 유비, 서주에서 여포를 쓰러뜨리다.

2장
군웅할거 어깨를 겨누다

여러 영웅들이 각각 지역을 분할하여 위세를 부리는 현상

AD180년 경 후한(後漢)의 부패

정치의 부패와 후한의 쇠퇴(衰退)

『삼국지연의』는 후한 말기, 제12대 황제 영제(靈帝)시대부터 시작한다. 이 이야기의 배경으로 당시의 정치적 부패가 원인이었다. 외척(황제의 외가 일족)이나 환관(내시, 내관)이라고 불리우는 일부 높은 지위의 관리들이 권력을 독점하고 있었기 때문에 관료가 출세하기 위해서는 뇌물을 보내는 것이 가장 좋은 방법이라고 생각할 정도로 극단적인 뇌물정치가 통용되고 있었다.

뇌물을 보내기 위한 돈은 당연히 민중으로부터 갹출했기 때문에 자연스럽게 민중들 사이에서는 불만이 높아져, 도처에서 반란이 빈번하게 일어나게 되었다. 나중에 이야기할 황건적의 난이 그런 반란의 대표 격이다.

청류파(淸流派)의 추방

이런 상황을 한탄했던 관료들을 「청류파」라고 칭하는데, 자기 배를 채우기 바쁜 정치가 「탁류파(濁流派)」들을 격하게 공격했다.

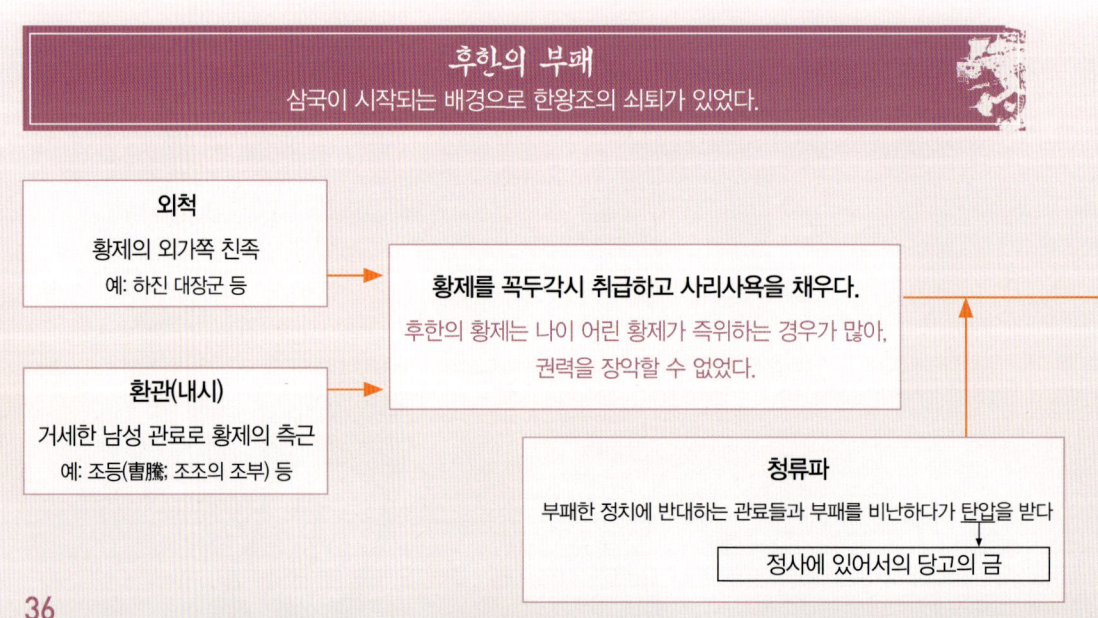

후한의 부패
삼국이 시작되는 배경으로 한왕조의 쇠퇴가 있었다.

외척
황제의 외가쪽 친족
예: 하진 대장군 등

환관(내시)
거세한 남성 관료로 황제의 측근
예: 조등(曹騰; 조조의 조부) 등

황제를 꼭두각시 취급하고 사리사욕을 채우다.
후한의 황제는 나이 어린 황제가 즉위하는 경우가 많아, 권력을 장악할 수 없었다.

청류파
부패한 정치에 반대하는 관료들과 부패를 비난하다가 탄압을 받다
정사에 있어서의 당고의 금

하지만, 영제靈帝 전의 환제桓帝 시대에 청류파들이 투옥되는 정사에서는 「당고의 금(黨錮의 禁)」이라고 불린다 사건이 일어나, 정치의 중심에서 청류파들은 완전히 추방당하게 된다.

그 후, 환관들이 권력을 독점하게 되지만, 이 때 정치의 세계로부터 벗어나 있던 청류파는 후의 전란에 큰 영향을 미치게 된다. 그리고, 스스로 부패를 막을 힘을 잃었던 한왕조漢王朝는 마침내 몰락의 길을 걷는다.

미니지식 외척(外戚)과 환관(宦官)

후한의 황제는 어릴 때 즉위하거나 짧게 끝나는 경우가 종종 있었다. 그 때문에 본인이 정치를 하는 것은 어려워서 대신 외척이 권력을 독점해 버렸다. 한편, 환관이라는 것은 형벌 혹은 스스로 거세한 남성 관료로 황제의 측근이었다. 황제가 자신이 정치를 하고 싶다고 생각할 때, 환관들에 의지해 자신의 권력을 확립시키려 했다. 후한 때에는 대부분의 경우, 둘 중 한 쪽이 권력의 중추를 이루었다.

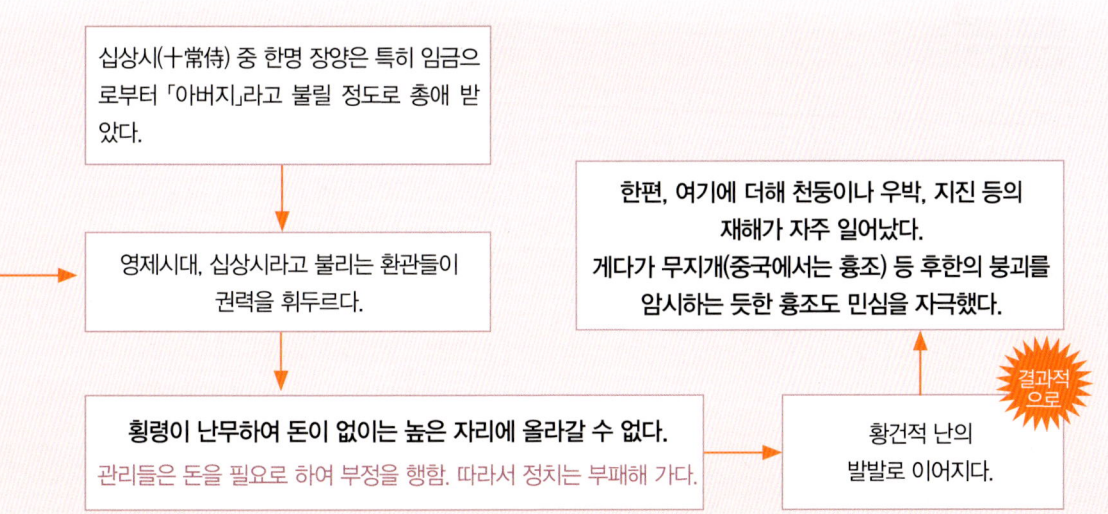

AD180년 경 후한의 부패 | 활약한 주요 인물

소제(少帝)
폐제변(廢帝弁)

생몰(生沒)	173 ~ 190
자(文名)	불명(不明)
출생지(生誕)	불명(不明)

후한(後漢)의 13대 황제. 하황후의 아들로, 영제가 죽은 후 외숙부 하진에 의해 옹립(擁立)되었다. 그러나 하진은 환관들에 의해 살해당하고, 그 사이 낙양을 점령한 동탁이 이복형제 유협을 헌제로 옹립한 탓에 폐위되어, 홍농왕(弘農王)으로 봉해졌다. 후에, 반동탁연맹이 그를 이용할 것을 두려워한 동탁에게 독살당한다.

폐제(廢帝)의 어머니
하황후(何皇后)

생몰(生沒)	? ~ 189
자(文名)	불명(不明)
출생지(生誕)	남양원(南陽宛)

영제의 황후이자 황자인 변의 어머니. 왕미인(王美人)이라는 여인이 유협을 낳자 그녀를 독살해 버렸다. 궁안에서 농간을 부리는 환관들이 그녀에게 가서 울며 매달리자, 그들을 전부 죽이고자 했던 오빠 하진을 말렸으나, 그것이 오빠가 환관들에게 목숨을 잃는 치명적 계기가 된다.
그 후 혼란 속에 아들과 떨어지나 후에 재회한다. 하지만 동탁이 권력을 쥐자, 그의 부하에 의해 살해당한다.

외척(外戚)의 대장군
하진(何進)

생몰(生沒)	134 ~ 189
자(字名)	수고(遂高)
출생지(生誕)	남양원(南陽宛)

영제시대의 대장군으로 여동생은 하황후. 영제가 죽은 뒤 변을 옹립해 외척으로 막강 권력을 휘두른다. 한편으로 유협을 지지하는 동(董) 일족(一族)을 배제하는 것도 모자라, 환관들을 모조리 죽이고자 두 번이나 계획했으나 그 때마다 하황후의 만류로 단념한다. 그것이 목숨을 잃는 치명적인 계기가 되어, 반대로 환관들에 의해 살해당한다. 또한, 환관에 대항하기 위해 각지의 군웅에게 도움을 요청하여 동탁의 출현에 불씨를 제공한다.

무력한 황제
영제(靈帝)

생몰(生沒)	156 ~ 189
자(字名)	불명(不明)
출생지(生誕)	불명(不明)

한나라 후한(後漢)의 12대 황제. 『삼국지연의』는 그의 통치시대부터 시작된다. 술과 여자에 빠져 국정에는 전혀 관심이 없었던 어리석은 황제로서 정치의 실권은 십상시들인 환관들이 장악해 버린다. 아들인 유변과 유협 중에서 협(協)을 황제로 세우려고 변의 방패인 하진을 죽이고자 했다. 하지만 계획을 실행하기도 전에 병으로 세상을 떠난다. 후계자가 명확히 정해지지 않아 이것이 후에 혼란을 부르는 계기가 된다.

AD 184 황건적(黃巾賊)의 난(亂)

황건적의 궐기(決起)

썩은 통치권의 부패에 고통 받는 민중들의 불만은 연달아 반란이라는 형태로 표출되었다. 그 중에서도 후한의 붕괴의 원인이 된 것이 태평도太平道라는 종교의 교주인 장각張角이 일으킨 황건적의 난이라는 대규모 반란이다. 장각은 두 명의 남동생과 함께 군대를 일으켜 관군을 크게 괴롭혔다. 황건적이라는 이름은 태평도의 신자들이 트레이드 마크였던 노란색 수건을 머리에 두르고 있었던 것에서 유래되었다. 그들은 처음에 부패한 한왕조 대신 새로운 시대를 지향하며 일어섰지만, 결국에 가서는 온갖 파괴와 약탈을 저지르는 도적떼로 변절된다.

일어서는 영웅들

쇠약한 한왕조는 이 반란을 토벌하기 위해 노식盧植, 황보숭皇甫嵩 등 장군을 파견하고 의용병을 모집하기 위해 공고를 내붙였다. 이리하여 수많은 영웅들이 나서, 황건적의 난은 오래가지 않아 진압된다. 그러나 쇠퇴하기 시작한 한나라는 그 후에 멸망의 길을 걷는다. 또한, 이 때 공적을 쌓은 사람 중에는 후에 전란의 주요 등장인물이 되는 자들이 많다. 관우, 장비와 함께 의용병으로 참가했던 유비도 이 난리 중에 손견이나 조조, 동탁과 만나게 된다. 이러한 이유로 황건적의 난 자체가 삼국지의 서막에 해당하는 사건이라 할 수 있다.

에피소드
도원결의(桃園結義)

유비를 섬기는 사람이 아무도 없었을 무렵, 유비를 황건적 진압을 위한 의용병을 모집한다는 공고를 보게 된다. 그가 나라의 앞날을 한탄하며 한숨을 내뱉고 있을 때, 그의 뒤에 서 있던 남자가 그것을 귀담아 듣는다. 그가 바로 장비다. 여기에서 의기투합한 두 사람은 술집에서 의용군을 일으킬 의논을 시작했는데, 그 가게에서 관우와 만나게 된다. 그 다음날, 세 사람은 복숭아밭에서 의형제를 맺는다. 이것이 유명한 「우리가 태어난 날은 다르지만 죽을 때는 한날, 한시일 것을 기원한다.」는 도원결의의 맹세이다.

3. 의형제의 출발
의용병으로서 유비, 관우, 장비는 병사들을 모아 황건적 토벌에 나선다. 이 세 명은 관군과 협력해 각지의 황건적을 무찌르지만, 유비의 스승이었던 노식이 환관들에 의해 경질 당하고, 대신 부임한 동탁에게 평민이라는 이유로 냉대 받는다. 황건적을 무찔렀지만 낮은 지위 밖에 얻지 못한 채, 한왕조의 부패를 깨달은 의형제는 방랑의 여행을 시작한다.

1. 황건적의 궐기
신흥종교 태평도의 교주 장각은 여러 가지 기괴한 도술을 사용해 신자를 늘려, 한왕조를 쓰러뜨리고 자신의 왕조를 세우기 위해 노란색 천을 쓴 무리들로 군사를 일으킨다. 그 때문에 황건적이라고 불리게 된 그들은 처음에는 전투를 유리하게 끌고 갔으나, 점차 관군과 군웅들의 활약에 짓눌려 최후에는 장각이 병을 얻어 죽게 되어 파멸하게 된다.

2. 한왕조(漢王朝)의 대응
황건적의 난에 대응하기 위해 노식, 황보숭, 주준 이 세 명의 무장을 파견해 토벌하도록 한 데 이어, 각지에 공고를 내 의용병을 모집한다. 하지만 여전히 환관이 정치를 좌지우지하고 있었기 때문에, 반란 진압 후에도 세상 민심은 안정되지 않았다.

4. 이후의 주역들
유비 외에도, 이 전투에서 두각을 나타낸 무장들이 있다. 조조와 손견 두 사람도 의용병으로 대활약한다. 이 두 사람은 신분 높은 집안 출신이었기 때문에, 전쟁 후 상이나 지위를 얻는 것이 가능했다.

2장 군웅할거 어깨를 겨누다

황건적의 난 | 활약한 주요 인물

지공장군(地公將軍)
장보(張寶)

생몰(生沒)	148 ~ 184
자(文名)	불명(不明)
출생지(生誕)	기주거록(冀州鉅鹿)

황건적의 지도자 장각의 아우. 삼형제가 한왕조에 대해 반란을 일으키고, 「지공장군」이라 칭한다. 형이 병으로 사망한 뒤에는 장량과 함께 군대를 이끈다. 유비와 대치했을 때는 맹렬하게 부는 바람이나 천둥을 일으키거나, 무수한 사람과 말이 몰려드는 환영을 보여 주는 등 놀라운 요술을 사용했으나 결국 전쟁에서 패하여 죽는다.

인공장군(人公將軍)
장량(張梁)

생몰(生沒)	?
자(文名)	불명(不明)
출생지(生誕)	기주거록(冀州鉅鹿)

황건적의 지도자 장각의 막내동생. 「인공장군」이라 칭했으며, 두 형과 함께 한왕조를 상대로 싸웠다. 장각이 병으로 숨진 뒤에도 장보와 함께 반란을 이어 갔으나 곡양(曲陽)에서 한의 조정으로부터 파견된 장군 황보숭과 조조의 연합군과의 싸움에서 패하고, 황보숭에게 살해당한다. 이렇게 장보, 장량이 사망함으로 인해, 황건적은 파멸하게 된다.

천공장군(天公將軍)
장각(張角)

생몰(生沒)	? ~ 184
자(文名)	불명(不明)
출생지(生誕)	기주거록(冀州鉅鹿)

황건적의 지도자. 산에서 남화노선(南華老仙)이라는 인물을 만나 얻은 「태평요술의 책」으로 주술을 배우고, 비바람을 불러일으키는 힘을 얻는다. 게다가, 민중에게는 부수(符水, 주술이 걸린 물)를 마시게 하여 병을 낫게 함으로써 민심을 얻는다. 그를 신봉하는 사람들은 상징으로 머리에 노랑색 천을 둘렀기 때문에 장각이 「천공장군」이라 칭하고 군을 일으켰을 때는 황건적이라고 불렸다. 요술로 관군을 괴롭혔으나, 전쟁 중간에 병으로 쓰러져 세상을 떠난다.

유비의 스승
노식(盧植)

생몰(生沒)	? ~192
자(文名)	자간(子幹)
출생지(生誕)	불명(不明)

젊은 시절 유비를 가르쳤던, 학문의 스승. 이 때, 공손찬도 유비와 함께 가르침을 받고 있었다. 황건적의 난에서는 장군으로서 장각 일당을 토벌하기 위해 진출하여 그곳에서 유비와 재회한다. 하지만 시찰 나온 환관에게 뇌물을 주지 않았기 때문에 모함을 받아 지위를 잃지만 후에 무죄를 인정 받는다. 동탁이 수도로 올라올 것을 청했을 때 하진에게 충고하여 저지했으며, 후에 그 동탁이 실권을 장악하여 소제를 폐위하려 했을 때도 반대하여 살해당할 뻔 하게 된다.

무기해설
후한시대의 무기류 ❶

『연의』의 무기와 역사적 무기

　　『연의』에는 관우의 청룡언월도나 장비의 사모를 시작으로 많은 무기가 등장하지만, 사실 이런 무기가 실제로 삼국시대에도 사용되었는지는 확실치 않다. 『연의』 자체가 후세에 창작된 이야기로, 그 때에는 삼국시대의 무기에 대해 잘 알려지지 않았기 때문에 이야기가 씌여진 명나라시대14~17세기의 무기를 등장시켰다. 그래서, 여기에서는 실제의 삼국시대에 사용된 무기만을 중심으로 소개하고자 한다.

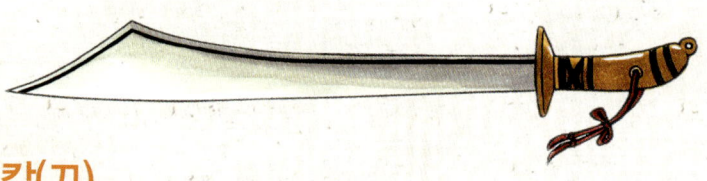

칼(刀)

검(劍) 대신 사용된 일반적인 무기였으나 휘둘러 사용하기에 적합하고 한쪽에만 날이 있는 칼이다. 한국 검과는 달라 휘어짐도 없었을 뿐더러 날밑(칼날과 칼자루 사이에 끼워서 칼자루를 쥐는 경계를 삼으며, 손을 보호하는 테두리)도 단순하여 상대의 공격을 막을 때는 다른 한 손에 들고 있는 방패를 사용했다.

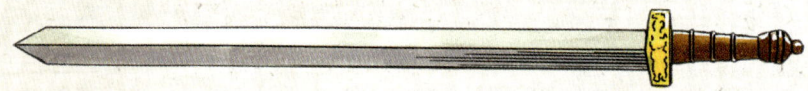

검(劍)

원래 중국에서 가장 일반적인 무기는 양쪽에 날이 있는 직검이다. 하지만, 한나라시대부터 한쪽에만 날이 있는 칼(刀)이 보급되었으며, 실전 무기로는 잘 쓰이지 않았다. 그 대신, 검은 의식적인 의미를 많이 포함하게 되었다.

◀ 모(矛)

고대 중국에서 널리 사용된 긴 형태의 무기. 이보다 이전에 사용된 모라는 찌르는 무기와 과(戈)라는 휘두르는 무기를 하나로 합친 것이다. 그렇기 때문에, 앞 부분으로는 찌르고 옆의 칼로는 베어 버리는데 사용했다. 창이 이것을 대신하여 사용된 것은 당나라 시대이다.

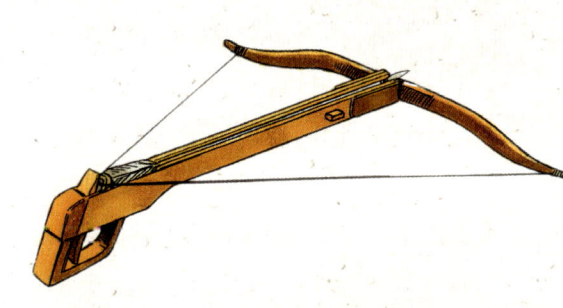

노(弩)

활이 자신의 힘과 소재의 반동력을 사용해 화살을 날려 보내는데 반해, 보다 기계적인 장치가 이것이다. 방아쇠를 당기는 것만으로도 공격할 수 있었으나, 대신 시위를 당겨 화살을 쏘는데 많은 시간이 걸리고, 연속해서 쏘는 것도 불가능했다.

창(槍)

형태가 긴 무기로는 대표적인 존재로, 주로 찌르는데 사용한다. 사실 삼국시대에서는 다른 긴 형태의 무기와 구별되는 존재는 아니었으나, 『연의』에는 구별되어 등장한다. 특히 조운이 창의 명수로 유명하다.

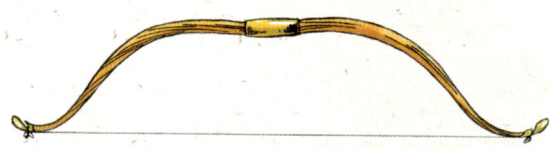

활(弓)

멀리 있는 적을 공격하기 위한 무기로 가장 일반적이었던 것이 이것이다. 전쟁에서는 대나무나 유연한 나무에 소의 뿔이나 힘줄, 아교 등을 짜 맞춰 만든 「합성궁(合成弓)」이라는 것이 주로 사용되었다. 『연의』에서는 황충이 주로 사용해 훌륭한 솜씨를 보였다.

AD189 혼란한 조정

외척과 환관의 권력 다툼

황건적이 멸망한 뒤에도, 한왕조에서는 외척과 환관에 의한 권력 다툼이 계속되었다. 189년에 영제가 숨을 거뒀을 때, 대장군인 하진은 자신의 여동생 하황후가 낳은 아들 변弁을 황제로 세워 권력을 쥐려고 했다. 하지만, 하진은 자신이 숙청하려고 했던 환관인 십상시에게 살해당하고 만다. 하황후가 환관의 간청으로 숙청의 계획을 철회한 것이 치명적이었다. 이것을 안 하진의 부하 조조와 원소는 군사를 모아 궁전에 난입하여 상관의 원수인 환관들을 전부 도륙하게 된다.

동탁의 등장

이러한 외척과 환관이 함께 쓰러지게 된 정치적 공백을 이용한 것이 『연의』의 최대 악역인 동탁이다. 그는 양주涼州; 한제국의 서쪽 변방에 세력을 가진 군인으로, 하진에 의해 궁정에 초대된다. 하진이 죽자, 무력으로 도시를 제압한 동탁은 변을 폐위하고 변의 동생인 협을 황제로 세우려 한다.

혼란한 조정

황건적이 멸망한 뒤에도 외척과 환관에 의한 정권지배는 끝나지 않고, 후한의 쇠퇴는 멈추지 않았다.

영제(靈帝)의 죽음

외척	환관
대장군 하진 / 여동생은 영제의 하황후	장양을 시작으로 환관집단인 십상시
하황후의 아들 변을 소제로 세운다 ➡ 게다가 환관들을 죽여 권력 독점을 계획, 대립.	하황후의 중재를 받지만, 그 틈을 이용해 오히려 하진을 죽이고 만다.

⬌ 대립

하진의 죽음에 격노한 조조와 원소가 궁정에 난입하여, 십상시 등 환관들을 전부 살해한다.
그 때, 소제는 동생 협과 함께 난리 통을 피하고 있었다.

이 독선적 횡포에 병주并州 자사인 정원丁原이 대항하지만, 동탁은 정원의 양자인 여포를 끌어들여 그의 손으로 의붓아버지 정원을 살해하도록 한다. 이리하여 협이 헌제로 즉위하고 동탁은 원래 하진의 부하들을 거두어 들여 자신의 권력을 확립한다. 한편, 그것을 고운 시선으로 보지 않았던 사람들이 지방에서 반항의 기회를 노리고 있었다.

에피소드 — 조조의 재치

실은 이 무렵, 조조가 동탁의 암살을 계획하고 있었다. 동탁의 독선적 횡포에 시달리는 관리인 왕윤에게 자청하여 보검(寶劍)을 맡기고 그 목숨을 노렸던 것이다. 하지만, 침대 위에 엎드려 누워 있던 동탁을 베어 죽이려고 했으나 그것을 들키고 만다. 조조는 순간적으로 「저의 보검을 바치려 했습니다」라고 대답해 절박한 고비를 넘기고 암살은 실패로 돌아가고 만다. 그는 본거지로 도망쳐 군대를 조직하여, 반동탁군을 일으키고자 각지의 영웅들에게 격문을 띄워 호소한다.

멀리 서쪽의 양주에 세력을 가지고 있었던 호족인 동탁은 환관에 대항하기 위해 하진에게서 부름을 받아, 그것을 기회로 수도 낙양에 들어오게 된다.
외척과 환관이 다함께 쓰러진 궁정을 좌지우지한다.

↓

동탁은 소제를 폐위하고, 협을 헌제로 즉위시킨다.
한편, 부하 이유를 시켜 소제와 하황후를 살해한다.

↓

병주의 자사 정원, 헌제의 즉위에 대항해 군을 일으키지만,
양자인 여포에 배신을 당해, 정원이 죽는다

AD190 반동탁연맹(反董卓連盟)

영웅들, 집결하여 군대를 일으키다

조조의 호소에 응하여 지방에서 세력을 가지고 있었던 영웅들, 17제후諸侯가 집결한다. 그 중에서 원소가 맹주가 되어, 반동탁연맹은 낙양을 목표로 진군한다. 그리고 그 중에는 공손찬의 권유로 참가한 유비, 관우, 장비 3인도 있었다. 동탁의 부하인 서량의 맹수 화웅華雄이 연맹군의 앞을 가로막아 제후들이 연패하고 있었다. 그 때 나선 것이 관우였다. 그 때, 그는 거의 일개 병졸에 불과한 신분이었기에 원술 등 다른 사람들은 그를 졸개로 취급했다. 하지만, 자기 이름을 명확히 밝히고 진영으로 뛰쳐나간 관우는 눈 깜짝할 사이에 화웅의 머리를 손에 넣고 침착하고 여유있게 연맹군 진영에 돌아온다.

연맹의 붕괴

화웅의 죽음에 놀란 동탁은 호로관虎牢關에 여포를 파견한다. 유명한 장군들이 몇 명이나 여포에게 살해당하고, 하마터면 공손찬의 목숨도 바람 앞의 등불과 같이 되었다. 거기로 치고 들어간 것이 장비, 관우 그리고 유비였다. 하지만 여포는 이 세 사람을 상대로 호각互角 이상의 대결을 펼친다. 한편 막다른 지경까지 몰린 동탁은 낙양을 모조리 불태워 버리고, 헌제를 데리고 장안長安으로 이동한다. 연맹군은 폐허가 된 낙양에 들어가 거기서 동탁을 추격할 것인지 말 것인지 의견이 나누어진다. 제후들은 서로를 견제한 끝에 각자의 영토로 돌아가 버린다. 혼자 남아 고군분투하던 조조도 여포 앞에 무릎 꿇는다. 이렇게 해서 연맹군은 붕괴하게 된다.

에피소드
여포가 거둔 전쟁에서의 성과

천하무적의 여포가 호로관에서 대항한 무장들도 전부 강자 뿐이었다. 하내의 관리 왕광의 부하이자 하내에서 으뜸가는 명장 방열. 상당의 태수 장양의 부하로 창을 다루는 솜씨가 좋았던 목순. 북해(北海)의 관리 공융의 부하로 쇠몽둥이를 무기로 썼던 무안국 등. 그렇지만 그나마 여포의 적수가 될만한 상대는 유비, 관우, 장비 3인이었다. 다른 장수들은 서로 고작 몇 차례의 공격을 주고받고 팔이 잘려 나가거나 목숨을 빼앗겼다. 여포의 뛰어난 실력을 알 수 있는 에피소드 중 하나이다.

2. 범수관(氾水關) 전투
범수관에서는 동탁의 부하인 화웅이 진을 치고 연맹군과 싸웠다. 선봉으로 손견이 나섰지만, 보급을 담당하고 있던 원술이 군사 식량을 보내지 않은 탓에 패하고 만다. 이후에도 연맹군은 화웅에게 연신 고전하지만, 당시 일개 졸개(마궁수)였던 관우가 일대일 승부로 그에게 승리한다.

3. 여포의 포악무도함
화웅의 패배에 놀란 동탁은, 결국 호로관에서 여포를 출격시킨다. 여포는 예상대로 강했고, 연맹군의 이름난 무장을 차례차례 쓰러뜨렸으며 유비, 관우, 장비 삼형제가 한꺼번에 덤벼들어도 여유가 있었다. 하지만 전투는 수가 많은 연맹군에게 유리한 방향으로 흘렀다.

4. 동탁, 낙양을 불태우다
연맹군에게 패할 기미가 보이자, 책략에 능한 동탁의 모사 이유는 낙양을 포기할 것을 권한다. 지키기 어려운 낙양보다 견고한 장안으로 이동하는 것이 낫다고 판단한 것이다. 동탁은 이것을 귀담아 듣고 낙양을 불태워버리고 약탈을 일삼고는, 헌제와 함께 장안으로 달아난다.

17제후
- 서주자사(徐州刺史) 도겸(陶謙)
- 기주자사(冀州刺史) 한복(韓馥)
- 예주자사(豫州刺史) 공주(孔伷)
- 연주자사(兗州刺史) 유대(劉岱)
- 하내태수(河內太守) 왕광(王匡)
- 진류태수(陳留太守) 장막(張邈)
- 장사태수(長沙太守) 손견(孫堅)
- 발해태수(渤海太守) 원소(袁紹)
- 남양태수(南陽太守) 원술(袁術)
- 북평태수(北平太守) 공손찬(公孫瓚)
- 서량태수(西涼太守) 마등(馬騰)
- 동군태수(東郡太守) 교모(喬瑁)
- 광릉태수(廣陵太守) 장초(張超)
- 상당 태수(上黨太守) 장양(張楊)
- 북해 태수(北海太守) 공융(孔融)
- 제북의 제상(濟北의 相) 포신(鮑信)
- 산양태수(山陽太守) 원유(袁遺)

1. 연맹군이 일어서다
조조는「동탁을 물리쳐야 한다」는 헌제의 격문이관 허위조서를 만들어 각지의 영웅들에게 보낸다. 이것에 응한 각지의 관료들이 나서서, 17제후로써 반동탁연맹이 결성된다. 그 연맹의 우두머리는 명문가 출신의 원소였다. 유비는 17제후 중 한 사람인 공손찬과 함께 학문을 같이 배운 사이로, 동지로서 이 군대에 참가하게 된다.

AD190 반동탁연맹 | 활약한 주요 인물

동북부의 영웅
원소(袁紹)

생몰(生沒)	생년불상~ 202년
자(文名)	본초(本初)
출생지(生誕)	불명

명문가 원씨 가문 출신. 젊은 시절은 조조와 불량배 친구였다. 반동탁연맹의 맹주가 된 것은 조조의 추천이 있었기 때문이다. 후에 황제를 칭한 배다른 동생 원술과 함께 헌제를 옹립하는 조조와 패권을 두고 격하게 대립한다. 조조에게 관도전투에서 진 것을 계기로 화병을 얻어 숨진다.

거짓황제
원술(袁術)

생몰(生沒)	생년불상~ 199년
자(文名)	공로(公路)
출생지(生誕)	불명

원소의 이복동생으로, 명문가 원씨 가문 출신. 형과 함께 반동탁연맹에도 참가한다. 해산 후에는 독자적인 세력을 만들어 천하를 얻고자 한다. 그 후, 손책으로부터 옥새를 손에 넣어, 스스로 황제라 칭하고 국호(國號)를 성(成), 원호(元號)를 중가(仲家)로 한다. 하지만, 조조에게 공격당해 세력을 잃고 도망 중에 외로이 사망한다.

강동의 호랑이
손견(孫堅)

생몰(生沒)	AD 156~192
자(文名)	문대
출생지(生誕)	오군 부춘

「강동의 호랑이」라는 이름으로 알려져, 황건적의 난에서 이름을 알린 군인. 병법서 『손자병법』를 만든 손자의 자손이기도 하다. 반동탁연맹이 결성될 무렵에는 장사(長沙)의 태수를 지내고 있었으며, 그 무렵부터 이미 오군단(吳軍團)의 핵심을 차지한 정보(程普)나 주치(朱治), 황개(黃蓋) 등 유수한 무장을 거느리고 있었다. 낙양에서 전국(傳國)의 옥새를 발견하고 황제가 되려는 야망을 품었으나, 그것이 연맹군 붕괴의 원인 중 하나가 된다. 강동에 돌아온 뒤에는 귀환을 방해하는 유표와 싸우다가 빗나간 화살에 맞아 숨진다.

백마장군(白馬將軍)
공손찬(公孫瓚)

생몰(生沒)	AD ?~199년
자(文名)	백가
출생지(生誕)	요서성 금지현

세력있는 호족(豪族)의 서자로, 북평(北平)의 태수이다. 일찍이 북쪽의 강족(羌族)과 전투에서 하얀 말을 타고 선봉에 섰다는 이야기가 있다. 이로 인해 「백마장군」이라는 별명을 가지게 되어, 강족은 하얀 말만 보아도 달아나기 바빴다. 유비와는 노식의 아래에서 함께 공부한 동문수학의 사이. 그 인연으로 반동탁연맹군에 참가할 때 유비를 객장(客將)으로 데리고 간다. 연맹군의 해산 후에는 원소와 싸우지만 패하고, 최후에는 부하에게 배신당한 끝에 자신이 살던 성에 불을 질러 스스로 목숨을 끊는다.

AD192 동탁을 둘러싼 이야기

왕윤(王允)의 책략

장안으로 이동한 뒤, 동탁은 더욱 독선적으로 행동하게 되었다. 그를 궁지로 몰아넣으려는 연맹군은 내부 분열로 인해 해체되고, 홀로 추격하던 조조군도 여포에게 패한 지금, 동탁의 독재를 막을 수 있는 자는 아무도 없었다. 그 때 나선 것이 전에 동탁의 암살을 계획했다가 실패한 사도 왕윤이었다.

그는 동탁과 여포가 여자를 좋아하는 점을 눈여겨 보았다가 절세 미녀인 초선貂蟬에게 중대한 임무를 맡기게 된다. 두 사람 사이를 멀어지게 하고, 여포의 손으로 동탁을 죽이도록 일을 꾸민 것이다. 이 「미녀연표계美女連標計」는 훌륭하게 맞아 떨어진다.

※사도 - 궁궐 내의 여러 잡무를 보는 관리의 수장.

동탁의 죽음

초선은 계속해서 여포와 동탁 사이를 오가며 만나 자신의 매력에 빠지도록 한다. 그녀의 미모

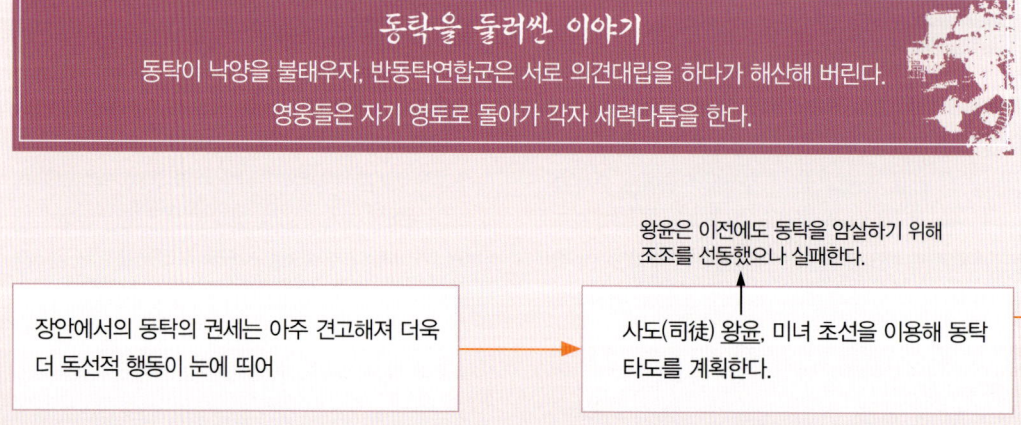

동탁을 둘러싼 이야기
동탁이 낙양을 불태우자, 반동탁연합군은 서로 의견대립을 하다가 해산해 버린다.
영웅들은 자기 영토로 돌아가 각자 세력다툼을 한다.

장안에서의 동탁의 권세는 아주 견고해져 더욱 더 독선적 행동이 눈에 띄어

왕윤은 이전에도 동탁을 암살하기 위해 조조를 선동했으나 실패한다.

사도(司徒) 왕윤, 미녀 초선을 이용해 동탁 타도를 계획한다.

에 빠진 동탁은 업무를 소홀하게 된다. 그리고 여포는 그녀를 빼앗겼다고 생각해, 동탁에 대한 증오의 불씨를 태우게 된다.

　이 상황에 어리둥절한 동탁의 부하 이유는 여포에게 포상으로 초선을 주는 것을 제안한다. 동탁도 이 제안을 받아들이나 초선이 울며 호소했기 때문에 없던 일이 된다. 이 때 왕윤이 등장하여 여포에게 반란을 일으키자고 부추긴다. 그 말을 그대로 행동에 옮긴 여포는 결국 동탁을 살해한다.

미니지식　초선의 모델

초선은 실존하지 않는 인물이지만, 그 모델이 된 여성이 있다. 진수의 정사 삼국지의 여포전(呂布傳)에는 「동탁은 언제나 여포에게 침전을 지킬 것을 명령했지만, 여포는 동탁의 시녀와 밀통하는 것이 들통날까 두려워 마음 속으로는 불안해 했다」고 기록되어 있다.
이 시녀의 존재가 여포와 동탁의 사이를 멀어지게 한 원인이 된 실존 인물일 것이라는 점을 바탕으로, 이야기의 흥미를 더하기 위해 초선이라는 절세미녀를 탄생시켰을 것이다.

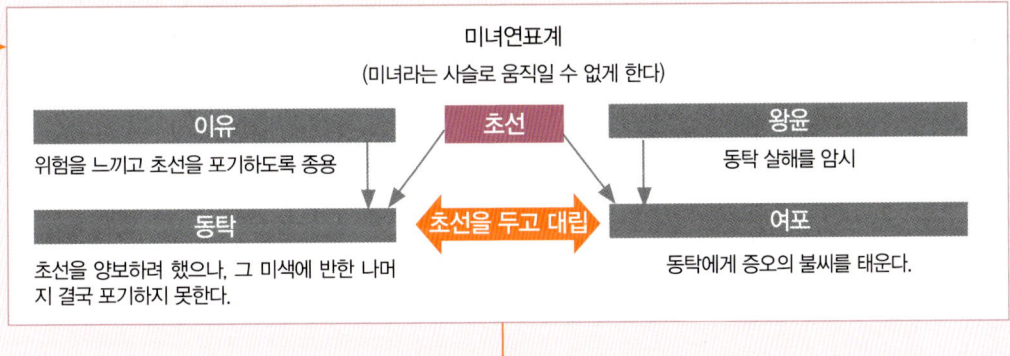

AD192 원소, 기주(冀州)를 빼앗다

화북(華北)으로의 세력 확대

연맹이 해체된 후 제후들은 각자 자신의 세력 확대를 계획한다. 그 중에서도 원소는 큰 세력을 구축한다. 낙양에서 벗어나 물러난 뒤에 그는 하내河内에 도착했으나 병사들의 식량 문제에 부딪힌다. 그런 원소의 군대를 도운 것이 기주의 자사인 한복韓馥이다.

그러나 원소는 부하의 꼬드김에 넘어가 은혜를 원수로 갚는 행동을 보인다. 심부름꾼을 보내 북평태수北平太守인 공손찬에게「기주를 공격해 토지를 절반씩 나눠 갖자」고 제안하여 군대를 보내게 한다. 이것을 두려워한 한복이 원소군을 불러들이지만 원소는 기주를 점령해버린다. 한복은 모든 것을 잃고 달아난다.

공손찬을 무찌르다

이것만으로 납득할수 없는 것이 완전히 이용당한 꼴이 된 공손찬이다. 게다가 약속을 지킬 것을 요구하러 간 동생마저 원소에게 살해당하고 만다. 그는 분노를 참지 못하고 기주를 공격하지만 원소에게 참패, 하마터면 목숨을 잃을 뻔하지만 지원군을 이끌고 온 유비가 그의 목숨을 구한다. 원소는 이후 순조롭게 세력을 확대시켜 가다가 199년에는 공손찬을 멸망시키고 유주幽州를 손에 넣는다. 게다가 청주青州나 병주并州에도 손을 뻗어, 하북河北 일대 4개주에 이르는 큰 세력이 되어 간다. 후에 실제로 조조와의 대결은 삼국시대의 큰 터닝포인트 중 하나가 된다.

미니지식

젊은시절의 원소와 조조

후에 경쟁을 하는 원소와 조조는 옛부터 친한 친구였다. 그들이 젊었던 시절, 조조가 신부를 납치하자고 제안했고 두 사람은 한 저택에 몰래 침입했다고 한다. 하지만 원소는 가시나무에 걸려 움직일 수 없게 됐다. 그 때 조조가「여기 도둑이 있다」고 외쳤기 때문에 기겁을 한 원소는 엄청난 힘으로 가시나무 덩굴을 빠져나와 달아났다. 물론, 조조는 도망치지 않았다고 한다. 여기서, 두 사람의 성격을 잘 표현해 주는 이야기이다.

공손찬

3. 공손찬의 분노
원소에게 이용당해 속아 넘어간 공손찬은 그가 항의 차 사자로 보냈던 남동생마저 살해당한 사실에 분노한다. 이에 분노해 기주를 공격, 양쪽 군대가 다리 하나를 사이에 두고 포진하여 싸웠으나, 공손찬이 패배한다. 그 후에도 원소와 계속 싸워, 199년에 멸망한다.

4. 유비와 조운의 만남
공손찬이 원소에 의해 궁지에 몰렸을 때, 돌연 유비, 관우, 장비 세 사람이 나타나 그를 위험으로부터 구해준다. 그 때, 유비는 후에 신하가 될 조운과 만난다. 원래 그는 원소의 부하였지만, 원소가 인간적으로 더 이상 가망이 없다고 생각하게 되어 공손찬을 따르게 된다.

공손찬군

유비

2. 한복의 오산
공손찬의 표적이 된 한복은 원소에게 구원 요청을 하지만, 결국 원소에게 점령당하고 간신히 혼자서 멀리 달아나게 된다.

계교

원소군

기 주

원소

1. 원소의 음모
반동탁연맹군의 해산 뒤, 원소의 군대의 근거지는 기주의 남쪽에 있었으나 식량이 부족해 어려움에 처해 있었다. 그 때, 예전에 원씨 일가의 부하였던 기주 자사인 한복이 식량을 보내주었다. 하지만 원소는 부하의 제안으로 식량이 풍부한 기주를 빼앗기로 결정, 공손에게 심부름꾼을 보내 「기주를 분할하자」는 말을 꺼낸다.
이를 받아들인 공손찬이 한복에게 압력을 가하지만, 이를 제쳐두고 원소가 기주로 쳐들어가 빼앗고 만다.

2장 군웅할거 어깨를 겨누다

三國志 55

AD192 손견이 죽다

낙양에서 옥새를 손에 넣다

불타버려 들판이 폐허가 된 낙양에서, 강동의 장사태수 長沙太守인 손견은 기이한 광경을 목격한다. 오래된 우물에서 오색의 빛이 솟아오르는 것이었다. 바닥을 살펴봤더니 거기에는 황제를 증명하는 전국 傳國의 옥새 도장이 있었다. 이것을 손에 넣자 야심을 품도록 자극받은 손견은 병을 핑계로 귀국 준비를 시작한다.

하지만, 귀국 전에 누군가의 밀고에 의해 그것을 눈치 챈 동맹군 수장인 원소에게 추궁받는다. 손견은 그것을 「만약 정말 옥새를 가지고 있다면 저는 칼이나 활에 맞아 죽겠지요」라며 하늘에 맹세코 그런 일이 없다고 발뺌한다. 그 후에도 유표의 방해를 받지만 결국엔 본거지로 돌아가게 된다.

강동의 호랑이, 빗나간 화살에 쓰러지다.

원정 갔다가 돌아온 손견은 원술로부터 「자신은 의붓형 원소를 공격할테니, 당신은 유표를 공격해 주시오」라는 비밀 문서를 받아 군대를 움직인다. 「원술은 믿을 수 없다」는 측근들의 충고는 야

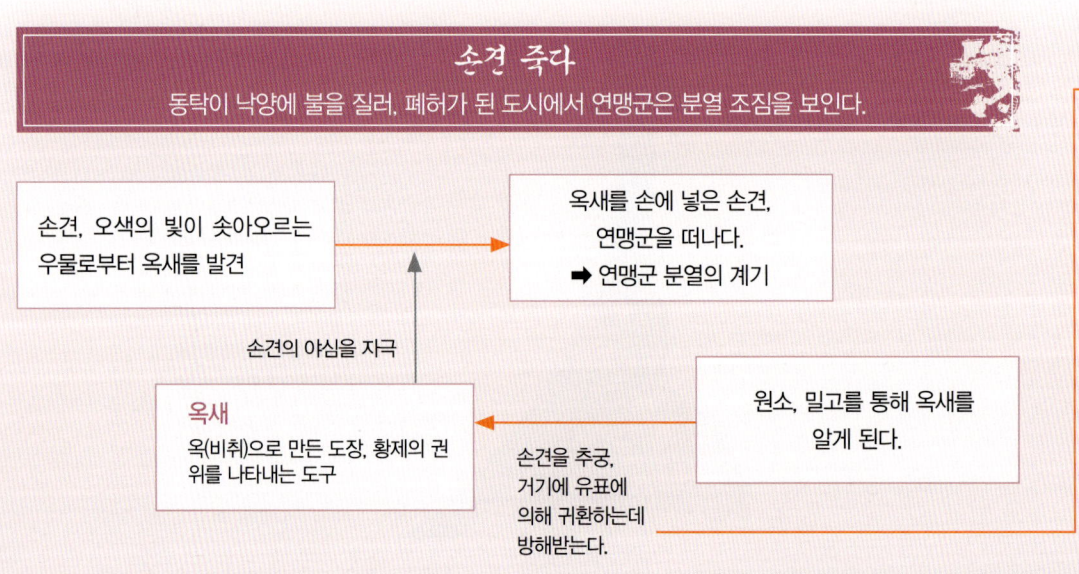

손견 죽다
동탁이 낙양에 불을 질러, 폐허가 된 도시에서 연맹군은 분열 조짐을 보인다.

심과 원망에 사로잡힌 손견을 막을 수 없었다.

　의기양양하게 형주를 침공한 손견은 우선 유표의 부하인 황조와 싸워 그를 물리친다. 하지만, 호사다마라고 했던가. 양양襄陽 부근에서 유표의 신하가 준비한 계략에 빠져 날아드는 바위와 활을 맞고 죽는다. 낙양에서 원소 앞에서 맹세한 대로 손견은 무참하게 죽음을 맞이한다.

미니지식 손견, 정사에서의 죽음

『연의』에 있어서 손견의 최후는 낙양의 탈출도 포함해 무척 드라마틱하지만 정사에서는 다소 느낌이 다르다. 낙양의 부흥에 힘을 쏟고 있었던 손견은 연합군의 붕괴 후에 강동에 돌아온다. 옥새의 입수는 전설로, 실제로는 진위를 알 수 없다. 그리고 원소와 원술의 세력다툼에 원술편으로 연루된다. 그 중에 자신의 기반을 다지기 위해 형주를 공격, 『연의』에서처럼 황조를 무찌르지만 빗나간 화살에 맞아 일생을 마감한다.

힘들게 강동으로 돌아온 손견, 원술로부터 비밀 문서를 받고
형주의 유표를 공격할 것을 결의 ➡ 부하의 충고를 무시

↓

처음에는 순조롭게 진격, 유표의 부하 황조를 물리치고 진군한다

↓

하지만, 계략에 빠진 손견, 돌과 화살을 전신에 맞고 목숨을 잃는다

↓

그 죽음이 마치 원소에게 맹세한 것과 같이 되었다.

AD192 낙양(洛陽)의 혼란과 조조의 비약(飛躍)

왕윤의 잘못된 추측

동탁이 죽은 뒤 국정을 맡으며, 왕윤은 동탁의 부하들을 엄격하게 처벌하였다. 그 때문에 그들의 반발을 사게 되어 무장이던 이각과 곽사 두 사람에 의해 장안이 공격당한다.

기대하던 여포가 함정에 빠진 사이 장안은 포위당하고, 돌아온 여포도 형세를 뒤집을 수 없었다. 여포는 탈출하게 되지만, 그의 성격 탓에 의지하지 못한 채 의탁할 곳을 찾아 방랑을 하게 된다.

결과적으로, 이각과 곽사는 장안을 제압하고 왕윤을 죽여 헌제를 꼭두각시로 앞세운 정치를 펼친다. 결국, 동탁시대와 다를 바 없는 상태가 되어 버린다.

황건적의 잔당들과 전투

장안의 혼란에 아랑곳 하지 않고 조조는 충실하게 힘을 키워가고 있었다. 동군東郡의 관리가

낙양의 혼란과 조조의 비약
동탁이 죽은 뒤에도 헌제를 둘러싼 환경은 좋아지지 않았다.

왕윤의 무리수
동탁을 죽인 뒤, 왕윤은 동탁의 죽음을 슬퍼한 자들까지 처형한다.

→ 용서없이 처벌하다.
← 반발해서 공격한다.

동탁의 부하들
이각, 곽사 등 동탁의 부하들은 서량으로 달아난다. ➡ 용서받을 수 없다는 것을 안 가후의 충고를 받아들여, 서량에 있던 자들을 선동하여 장안을 공격한다.

된 조조는 청주에서 황건적의 잔당들과 싸워 그들을 항복시키고, 30만명의 병사와 100만 이상의 포로를 얻는데 성공한다. 조조는 그들을 괴롭히거나 박해하지 않고 잘 다듬어서 자기 수하로 만든다. 여기서 탄생한 것이 결속이 잘되고 강하기로 소문난 조조의 청주군靑州軍이다. 그 후, 조조의 아래에는 그를 지지하는 우수한 무장이나 참모, 군사 등이 도처에서 많이 몰려들어 결과적으로 급속하게 세력을 확대시키는 계기가 된다.

미니지식 우수하고 강한 조조의 청주군

당시, 황건적의 잔당들이나 다른 파(派)의 반란집단이 각지에 존재해, 정치가들에게 골칫거리가 되고 있었다. 특히 청주나 서주에 있던 황건적은 큰 세력을 가지고 있었다. 본문에서도 서술한 대로, 이 청주황건(靑州黃巾)이 항복해서 조조의 세력으로 받아들여지는데 이들이 청주군이다.

그들은 확실히 강했지만, 처음에는 조조의 명령을 따르지 않는 군대였다고 한다. 정사에 의하면 조조는 그들이 태평도를 계속해서 신봉하는 것을 인정하고 대신 부하로 삼았다고 한다.

가차 없었던 왕윤은 그 때문에 적이 늘어나고
여포는 적을 맞이해 싸우지만 계략에 빠져 장안이 포위당한다.

↓

여포는 제 한몸만 탈출하고 이후 각지를 방랑한다.
왕윤은 무리하게 장안에 남아있다가 이각, 곽사에게 살해당한다.

↓

이후, 장안의 실권을
이각과 곽사가 독점한다.

결국, 헌제는 또 다시
꼭두각시 황제로 전락한다.

한편, 그 무렵 조조는 각지의 황건적의
잔당들을 토벌하고, 그들을 흡수해
자신의 세력으로 삼는다.
➡ 조조의 정예부대, 청주군의 탄생.

2장 군웅할거 어깨를 겨누다

AD 193 조조, 도겸을 공격하지만 여포에게 당하다

서주(徐州) 대학살

세력을 확대하던 조조는 효도를 하기 위해 아버지 조숭曹嵩을 불러들이기로 한다. 그 제의에 조숭은 기꺼이 일가를 데리고 아들이 있는 곳으로 향하는데 도중에 서주에 들른다. 그 곳의 자사였던 도겸은 일행을 반갑게 맞이하며 후하게 대접을 하지만, 부하들은 돈을 목적으로 밤에 조숭 일행을 기습하여 전부 죽이게 된다. 이것에 격노한 조조는 군대를 이끌고 서주를 공격, 병사들 뿐만 아니라 민중들도 학살한다. 그 때 유비가 도겸의 지원 요청을 받고 왔는데, 조조의 본거지인 연주가 여포에게 공격당하고 있다는 소식이 전해진다. 이에 당황한 조조가 퇴각한 후에 도겸은 세상을 뜨고, 유비에게 서주를 관리하도록 지위를 물려준다.

여포, 연주(兗州)를 빼앗다.

이 무렵, 진류군陳留郡의 태수인 장막張邈의 아래에 있었던 여포와 진궁이라는 사람이 있었다. 진궁은 조조가 동탁 암살에 실패해서 수도를 떠나 도망칠 때 만나 친분이 있는 사이였다. 이 때는 조조의 뜻에 동조했지만 결국 그를 따르지 않고 떠났다.
여포의 무력과 진궁의 설득에 야심을 자극받은 장막은 여포를 앞세워 연주를 점령한다. 서둘러 서주로부터 돌아온 조조군과 여포군의 전투는 메뚜기로 인한 재해로 중단되기도 했지만 전투가 계속되자, 마지막에는 조조의 승리로 끝난다.

> **미니지식** **제갈량은 조조의 서주 대학살을 보았다?**
>
> 이 서주 대학살이 일어났을 때, 제갈의 가족들은 그 곳에 살고 있었다고 한다. 제갈이라고 하면 제갈량을 필두로 후에 삼국의 각 중요한 위치를 점령하는 많은 인물을 배출하는 집안이다. 그들은 이 사건으로 서주를 벗어나 남쪽으로 향한다. 그 때문에 진순신(陳舜臣)의『제갈공명』등에서는 이 처참한 대학살을 본 경험이 제갈량에게 조조에 대한, 나아가서는 위나라에 대한 반감을 길러, 후에 유비에 대한 충성과「천하삼분계」로 이어졌다는 주장도 있다.

AD196 조조, 황제를 맞이하다

헌제(獻帝), 이각과 곽사(郭汜)로부터 달아나다

이각과 곽사는 사이가 매우 돈독했다. 그런데, 이각의 집에 초대받아 식사를 하던 곽사가 배탈이 난 것을 계기로 두 사람은 사이가 멀어지기 시작하였다. 사실 이것은 헌제의 신하의 계략에 의한 것이었다. 이후, 두 사람의 경쟁에 휘말려 유폐幽閉 당하기도 하였으나, 헌제는 측근인 동승董承과 함께 장안을 탈출하여 폐허가 된 낙양으로 간다.

한때는 한나라의 수도로 번영했던 도시였지만 이 당시 남아있었던 집은 수백 채 뿐이었다. 게다가 사람들은 흉작으로 고통받고 나무 껍질이나 풀 뿌리를 갉아먹으며 근근히 살아가고 있었다.

황제의 권위로 세력을 키우다

여기에서 눈치 빠르게 움직인 것이 조조이다. 참모인 순욱의 권유도 있어, 헌제를 자신의 본거지인 허창許昌으로 옮겨 보호하게 된다. 게다가 낙양은 수도로써 기능을 하지 못하는 것을 이유로

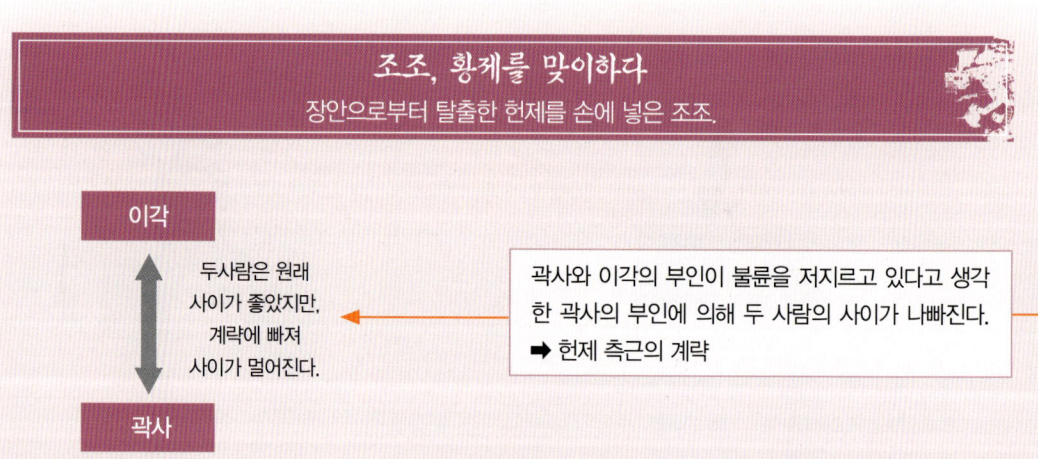

조조, 황제를 맞이하다
장안으로부터 탈출한 헌제를 손에 넣은 조조.

이각
↕
곽사

두 사람은 원래 사이가 좋았지만, 계략에 빠져 사이가 멀어진다.

곽사와 이각의 부인이 불륜을 저지르고 있다고 생각한 곽사의 부인에 의해 두 사람의 사이가 나빠진다.
➡ 헌제 측근의 계략

허창을 새로운 수도「허도許都」로 정한다.

　원소나 원술에 비하면 아직 세력이 약했던 조조에게 있어 이 성공은 큰 영향을 미쳤다. 황제의 이름으로 천하를 호령하고, 따르지 않는 자를 반역자로 멸망시키는 대의명분을 손에 넣는 것이 가능해졌기 때문이다. 이후, 조정의 권력은 모두 조조가 쥐게 되어 나라의 중대사는 모두 그에게 보고하게 된다.

미니지식 낙양이라는 수도

이 무렵 완전히 폐허가 된 한나라의 수도 낙양은 주나라의 왕조가 낙읍(洛邑)을 수도로 정한 것을 시작으로 많은 왕조에 의해 몇 번이고 수도가 된 중국의 유명한 도시이다.

삼국시대에 있어서도 위나라를 세운 조비가 여기를 수도로 했고, 그 후에도 서진(西晋), 북위(北魏), 수(隋), 후당(後唐)이 낙양을 수도로 했다. 또한, 장안을 수도로 낙양을 부수도로 한 왕조도 많았다고 한다. 그리고 한국의 고려시대말 지명에도 낙양이라는 이름이 나오는데, 이것은 물론 이 낙양에서 연유된 것이다.

틈을 노려 탈출한 헌제, 다시 손을 잡은 이각과 곽사에 의해 쫓겨 낙양으로 달아난다.

이 무렵 낙양
동탁이 파괴한 낙양은 아직 재건되지 못한 채 궁궐도 흔적 밖에 남아있지 않았다. 흉년으로 사람들은 고통받고 있었다.

조조는 이것을 눈독 들인다. (순욱의 제안)

헌제는 낙양에 들어갔으나, 이각과 곽사가 공격해 왔기 때문에 다시 달아난다.
그 때 조조의 군대가 와서 이각과 곽사를 몰아내고 헌제를 보호한다

낙양은 수도로 쓸 수 없어 조조의 근거지 허도를 새로운 수도로 정한다. 이후, 조조는 황제의 권위를 등에 업고 세력을 키운다

오행설(五行說)
목화토금수(木火土金水)의 오행(五行)으로 사물을 보는 사상. 이 사상에 의하면 후한(後漢)과 낙양은 화행(火行)인데, 왕조와 수도는 토행(土行)이어야 했다. 조조와 허도는 토행이었는데, 이곳으로 수도를 옮긴 것으로 보아 조조의 야망을 알 수 있는 대목이다.

AD196 유비, 여포를 보호해 주지만 배신당하다

여포, 유비에게 몸을 의탁하다

조조에게 패한 여포가 다음에 기댄 것은 서주의 유비였다. 천하무적의 무장인 동시에 배신의 상습범이기도 한 여포를 유비는 자비를 베풀어 돌보아 주고 소패성小沛城을 수여한다. 이것을 안 조조의 군사인 순욱은 둘 사이를 갈라놓으려고 계략을 세우고 있었다. 우선 처음에 준비한 것이 「이호경식계二虎競食計」이다. 이것은 유비와 여포를 두 마리 호랑이로 보고, 한 마리 호랑이유비에게 관직이라는 먹이를 쥐어 줘, 또 다른 한 마리 호랑이여포를 죽이라는 비밀문서를 주는 책략을 벌이지만, 유비가 이것을 알고 모른 체 하는 바람에 순욱의 계략은 실패로 돌아간다.

배신당한 유비

하지만, 순욱은 한 가지 책략이 실패하자 계속해서 「구호탄랑계驅虎呑狼計」를 준비한다. 호랑이유비에게 황제의 칙서를 이용하여 「원술을 죽이라는 명령을 내려 끌어내서, 그 틈에 승냥이여포가 서주를 빼앗도록 계획한 것이다. 유비는 이 책략도 간파하지만, 황제의 명령을 거절하지 못하고 무리하게 출진한다. 게다가 유비가 없는 동안 서주를 부탁받은 장비가 함께 서주를 지키고 있던 조표에게 배신당하는 바람에 여포에게 빼앗기게 되고, 유비의 처자식들은 인질로 잡힌다. 이 때문에 반대로 유비가 소패에서 여포를 섬기게 된다.

에피소드 조표는 왜 배신했는가?

조표는 원래 도겸의 부하로, 그가 죽은 뒤에 유비를 섬기게 되었다. 하지만, 언제부터인가 장비와 사이가 좋지 않아 서로 대립하게 된다. 유비가 명령에 의해 원술을 공격하기 위해 본거지를 비웠을 때였다. 이 때, 유비가 없는 서주를 지키고 있었던 장비는 유비에게 금주령을 명령받은 것을 어기고 술자리에 참석하고, 이것을 나무란 조표를 채찍으로 때리게 된다. 이대로는 장비에게 살해당하겠다고 느낀 조표가 여포를 불러 서주를 점령하게 된다.

AD197 원술, 주제를 모르고 스스로 황제라고 칭하다

원술의 야심

조조가 헌제를 손에 넣고 세력을 확대시켜 나갈 때 다른 영웅들은 자신의 세력을 안정시키기 바빠서 그 만큼 적극적으로 움직이지 않았다. 예를 들어 원소는 공손찬과 싸우고 있었고, 유표 등은 세력 확대에 대한 야망이 없었다.

유비는 말할 것도 없이 권력을 가지고 있지 않았고 힘도 약했다. 그러던 중, 황제를 섬기며 천하를 호령하는 것이 아니라, 스스로를 황제라 칭하고 천하를 지배하려는 남자가 있었다. 그자가 원술이다. 그는 풍족한 남양군(南陽郡) 태수라는 지위와 명문가인 원씨 집안의 혈족을 무기로, 당시로써는 막강한 힘을 가진 유력한 무장이었다.

손견이 남긴 옥새

그런 원술의 야망을 부추긴 것이 일찍이 낙양에서 손견이 손에 넣은 전국(傳國)의 옥새였다. 당

원술, 주제를 모르고 스스로 황제라고 칭하다
당시, 영웅들은 각자 독자적으로 행동하고 있었다.

조조	→ 헌제를 맞아 허도를 수도로 하고, 세력을 확대하다
원소	→ 공손찬과 중국 북동부를 두고 싸우다
유표·유장	→ 세력 확대에 대한 야망이 없었기 때문에 소극적
유비	→ 여전히 제대로 된 기반을 가지지 못했다

그 중, 조조와 전혀 정반대의 길을 걷는 무장이 있었다

시, 손견의 아들 손책이 원술의 보호 아래 있었지만, 그는 독립하고 싶어했다. 그래서 손견은 부하들과 의논하여 아버지가 남긴 옥새를 원술에게 넘기고, 대신 삼천명의 병사를 빌렸다. 원술은 이것을 매우 기쁘게 받아들였다. 그리고 이 옥새를 얻은 뒤로 주제 넘게 스스로가 황제라 칭하게 된 것이다. 이렇게 해서 원술이 세운 왕조가 중왕조仲王朝이지만, 이 오만함 때문에 사람들의 지지를 잃고 자멸의 길을 걷게 된다.

미니지식
원소와 원술의 관계

정사에서는 원소와 원술은 배다른 형제로, 후에 원소가 숙부의 양자가 되기 때문에 사촌 사이가 된다고 한다. 하지만, 『연의』에서는 어디까지나 원술은 원소의 동생으로만 등장한다. 이것은 「동생뻘」이라는 것이다. 두사람의 관계가 어땠는가를 살펴보면, 그다지 사이가 좋지 않았던 것으로 보인다.
서로 격하게 세력 다툼도 했을 뿐 아니라, 원술이 원소를 「저 녀석은 형이지만 첩의 아들이야」라며 서자(庶子) 취급했다는 이야기가 있다.

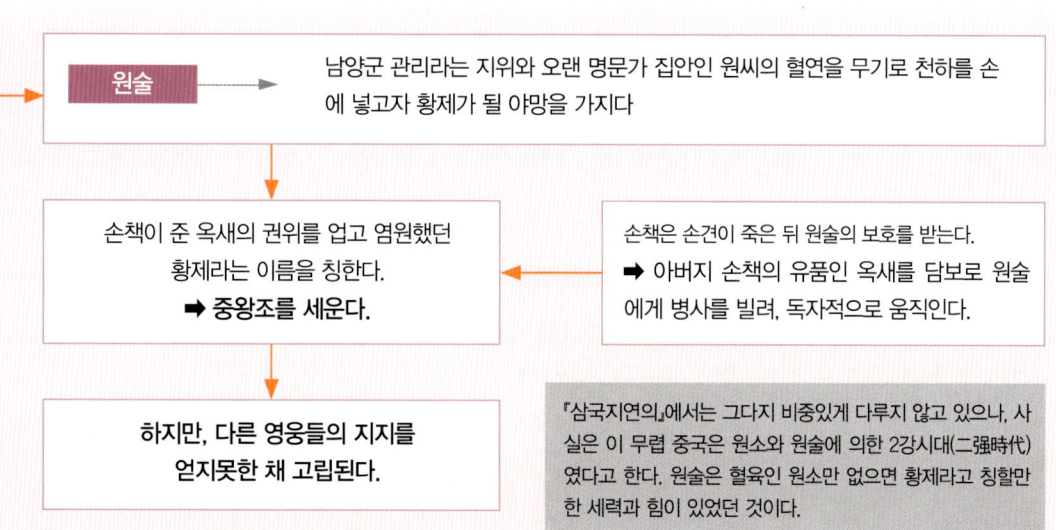

AD198 조조, 여포를 멸망시키다

유비와 조조, 함께 싸우다

여포의 배신으로 작은 땅 소패에 있던 유비였지만, 여포와의 관계가 악화되어 공격받는다. 그래서 유비는 그 곳에서 달아나 조조를 의지하게 된다. 조조는 유비를 높이 평가하고 있었기 때문에 굉장히 후하게 대우한다. 게다가 조조는 헌제에게 아뢰어 유비를 예주豫州의 자사刺史로 임명하게 하고, 다시 소패로 보낸다. 곧장 여포가 공격해 왔기 때문에, 조조도 하후돈을 지원군으로 파견하지만, 여포의 부하에게 격파 당한다. 그래서 스스로 출진 하는데 여기서 대표하는 유비, 조조라는 두 명의 영웅이 역시 『연의』에서 최고로 강하고 용맹한 장군인 여포와 싸운다는 구조가 탄생한다.

여포의 최후

여포는 확실히 싸움에는 강했지만 전략에 능한 장군감은 아니었다. 이 전쟁에서도, 적군의 배후를 치고 들어가자는 군사인 진궁의 의견으로 출진하려고 했으나, 부인이나 애첩의 만류에 그만두거나 강제로 금주령을 내려 부하 장교를 몽둥이로 두드려 패는 등 꼴사나운 행동을 보이는 경우가 많았다. 그리고 그렇게 부하를 대하는 행동이 여포의 운명을 결정하게 된다. 여포가 가망이 없다고 판단한 부하들이 애첩과 자는 동안 적토마를 빼앗아 그를 꽁꽁 묶어 조조, 유비 연합군에 항복한 것이다. 희대의 무장은 목숨을 구걸하였으나 그것마저 거절당하고 비참하게 처형 당한다.

미니지식 적토마

하루에 천리를 적색의 땀을 흘리며 달린다고 알려진 유명한 말이다. 원래는 동탁이 소유하고 있었으나, 여포에게 의부를 살해할 것을 시켰을 때 선물로 주었다. 여포가 죽은 뒤에는 조조가 소유했으나 기질이 매우 난폭하여 관우만이 다룰 수 있었다고 한다. 관우가 죽은 뒤에는 오나라의 마충에게 갔으나 먹이를 먹지 않아 죽고 말았다. 다만, 남쪽의 오랑캐라는 맹획이 적토마를 탔다는 이야기도 있고, 특정한 말이 아니라 여러 종류의 명마를 일컫는 통칭이었다고도 한다.

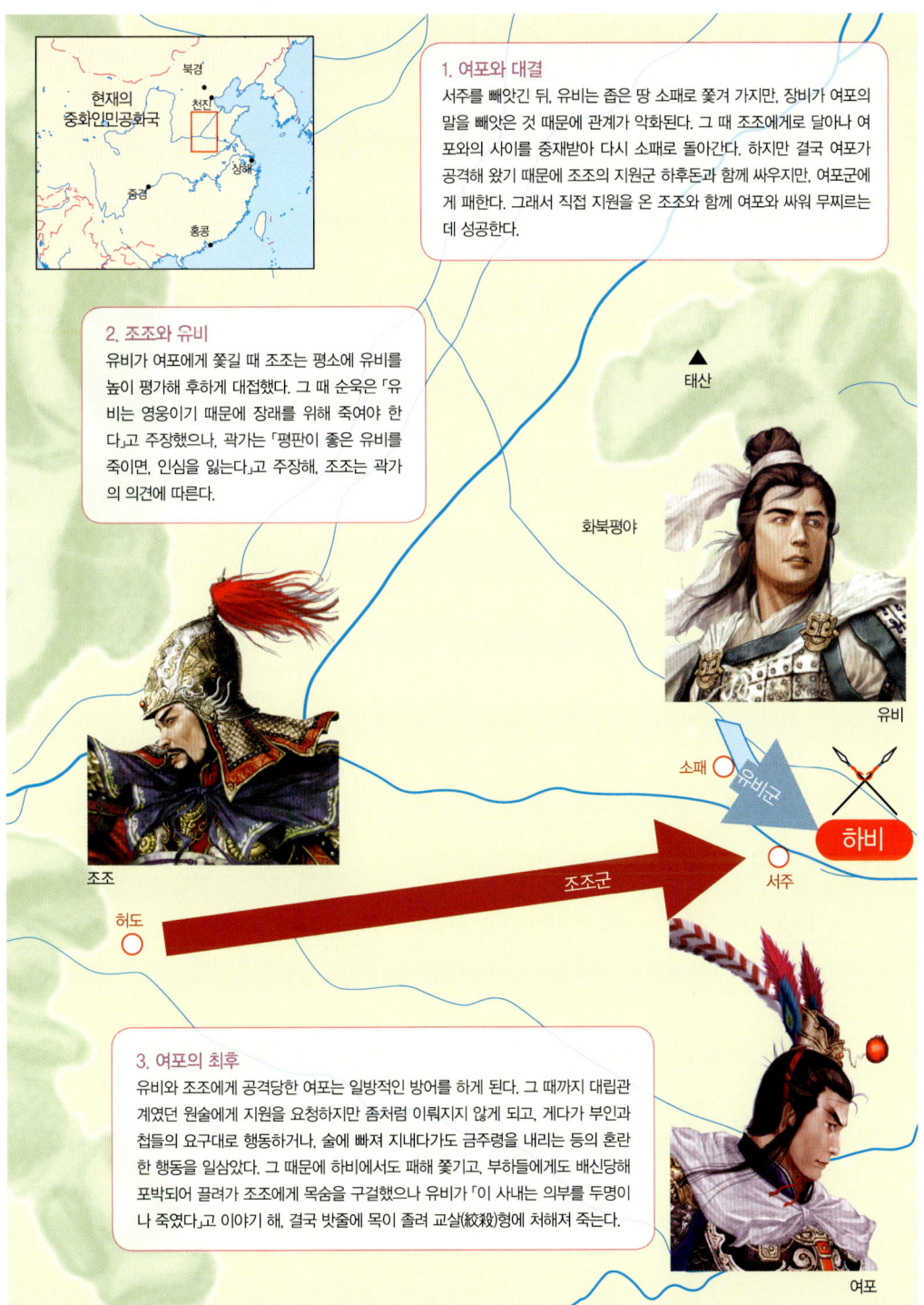

1. 여포와 대결
서주를 빼앗긴 뒤, 유비는 좁은 땅 소패로 쫓겨 가지만, 장비가 여포의 말을 빼앗은 것 때문에 관계가 악화된다. 그 때 조조에게로 달아나 여포와의 사이를 중재받아 다시 소패로 돌아간다. 하지만 결국 여포가 공격해 왔기 때문에 조조의 지원군 하후돈과 함께 싸우지만, 여포군에게 패한다. 그래서 직접 지원을 온 조조와 함께 여포와 싸워 무찌르는 데 성공한다.

2. 조조와 유비
유비가 여포에게 쫓길 때 조조는 평소에 유비를 높이 평가해 후하게 대접했다. 그 때 순욱은 「유비는 영웅이기 때문에 장래를 위해 죽여야 한다」고 주장했으나, 곽가는 「평판이 좋은 유비를 죽이면, 인심을 잃는다」고 주장해, 조조는 곽가의 의견에 따른다.

3. 여포의 최후
유비와 조조에게 공격당한 여포는 일방적인 방어를 하게 된다. 그 때까지 대립관계였던 원술에게 지원을 요청하지만 좀처럼 이뤄지지 않게 되고, 게다가 부인과 첩들의 요구대로 행동하거나, 술에 빠져 지내다가도 금주령을 내리는 등의 혼란한 행동을 일삼았다. 그 때문에 하비에서도 패해 쫓기고, 부하들에게도 배신당해 포박되어 끌려가 조조에게 목숨을 구걸했으나 유비가 「이 사내는 의부를 두명이나 죽였다」고 이야기 해, 결국 밧줄에 목이 졸려 교살(絞殺)형에 처해져 죽는다.

미니지식 삼국지의 속담 ❷

여기에서도 삼국지에서 탄생한 속담을 소개하겠다.

「위급존망지추(危急存亡之秋)」

제갈량이 북벌에 나섰을 때 유선劉禪에게 올린 문서로 역사상에 남아있는 글로는 이름도 유명한 「출사표出師表」가 있다.

여기서 그는 지금이야말로 위나라를 무찌르지 않으면 안된다고 말한다. 위세 당당한 내용과 익주益州는 지금 현재 쇠약해져 있다는 내용이 포함된다. 이러한 인식을 잘 표현하는 단어가 위급존망지추이다. 위기가 다가 왔을 때, 살아남을 것인가 멸망할 것인가 중대한 운명의 갈림길을 의미하는데, 때時가 아닌 가을秋를 쓴 데에는 이유가 있다.

가을은 수확의 계절. 현대 사회와 같이 언제라도 음식을 구할 수 있는 것이 아니었기 때문에 무척 중요한 시기였다. 즉, 「지금 그 정도로 중요한 상황」이라는 의미이다.

「군사는 신속을 존경한다」

조조가 원소의 아들들과 전투를 벌이고 있을 때의 이야기. 그들은 멀리 요서遼西 : 지금의 몽골로 달아났기 때문에 대부분의 무장들은 지금 공격해서는 안된다고 말한다.

하지만, 군사 곽가가 「오히려 지금이라면 적은 무방비 상태다」라고 말해, 조조는 군대를 출전시킨다. 하지만 진군하는 길은 멀었고, 곽가는 풍토병에 걸리고 만다. 그것을 걱정한 조조가 군사들을 데리고 돌아가려는데 그는 「군사는 신속을 존경한다 전쟁에서는 신속한 것이 가장 중요하다」라고 말해 가벼운 복장을 한 병사들을 데리고 공격해야 한다고 조언한다.

이 제안이 그대로 들어맞아서 조조의 공격은 훌륭하게 성공하지만 그가 돌아왔을 때 곽가는 이미 죽어서 조조는 매우 슬퍼했다고 한다.

「그림의 떡은 먹을 수 없다」

마지막으로 소개할 말은 위(魏)나라의 초대 황제 조비의 말이다. 많은 명장과 군사를 부하로 두고 있었던 아버지와 같이 그도 인재를 모으는데 욕심을 가졌지만, 조비에게는 독특한 인재관人材觀이 있었다.

그것이「그림의 떡은 먹을 수 없다」이다. 여기서「그림의 떡」은「평판만 좋은 인물」을 뜻한다. 겉모습만 번지르르 해서 도움이 되지 않는 인물과 맛있어 보이지만 실제로는 먹을 수 없는 그림의 떡을 비교한 것이다. 너무나 위대했던 아버지의 그림자에 가려 『연의』에서는 좀처럼 눈에 띄는 일이 없는 조비지만, 훌륭한 생각을 가지고 있었던 점을 알 수 있다.

199년	동승, 조조를 암살할 계획을 세우고 유비를 아군으로
	원소가 공손찬을 멸망시켜 하북을 제압.
	원술, 원소에게 가던 도중 병으로 사망.
	유비, 원술을 공격해서 멸망시키고 서주에서 독립.
200년	조조 암살을 계획한 동승, 발각되어 처형당하다.
	조조에게 공격당한 유비, 관우, 장비 뿔뿔이 흩어지다.
	(유비는 원소 밑으로, 관우는 조조 밑으로)
	조조와 원소가 백마에서 결전. 관우가 안량, 문추를 베며 활약한다.
	유비의 소식을 접한 관우, 유비에게 돌아간다.
	손책, 독화살에 맞은 상처와 괴선인의 저주에 의해 죽고,
	그 뒤를 동생인 손권이 잇는다.
	조조, 관도에서 원소의 대군을 물리친다.
201년	유비, 조조의 배후를 노리지만 실패하고 형주로 도피하다.
202년	원소가 병으로 죽고, 그 아들들이 서로 자리 경쟁을 한다.
204년	조조, 원씨 집안을 멸망시킨다.
207년	유비, 형주에서 후계문제에 휘말려 채모가 그의 목숨을
	노리지만 겨우 목숨은 건진다.
208년	조조, 삼공을 폐하고 스스로 승상이 된다.
	유비, 「삼고초려」로 제갈량을 맞이하고,
	제갈량은 「천하삼분계」를 말한다.
	조조의 부하 하후돈은 형주로 쳐들어갔으나,
	제갈량이 불을 이용한 묘책을 써서 물리친다.
	유표가 병으로 죽고, 둘째 아들 유종이 뒤를 잇는다.
	조조가 스스로 형주 침공을 개시. 군사를 일으킨다.
	장판교 전투에서 장비, 조운이 맹활약 하지만
	유비는 큰 피해를 입고 멀리 달아난다.

3장

위(魏)나라의 탄생과 번성

AD196-199

강동통일전(江東統一戰) 손책전기(孫策戰記)

모여드는 인재

손견의 아들 손책은 아버지의 신하였던 주치朱治, 여범呂範과 의논 끝에, 옥새를 원술에게 넘기고 대신 병사들을 빌리기로 한다. 숙부를 지원하겠다는 명목으로 양주의 유요를 공격, 그것을 계기로 영웅으로 독립하려고 한다. 손책의 아래에는 주치나 여범을 시작해, 마찬가지로 손견의 부하였던 정보程普, 황개黃蓋, 한당韓當, 소년시절부터 친구인 주유, 그리고 「강동의 이장二張」이라는 이름으로 알려진 두 사람의 현인賢人인 장소張昭와 장굉張紘이라는 우수한 인재들이 하나둘씩 모여들게 된다. 그들이 후에 오나라의 기반이 되어 간다.

소패왕(小覇王)의 대활약

이 때, 넓고 큰 양주 땅의 유요劉繇에게는 태사자라는 용맹한 장수가 있었다. 그와 손책은 격하게 대립했으나 결말을 내지 못한 채, 주유의 책략에 의해 유요가 지게 된다. 손책이 「소패왕」이라는 이름으로 불리게 된 것은 이 무렵이다.

그 후 손책은 태사자를 포로로 잡아 부하로 삼고자 설득한다. 이에 감격한 태사자는 유요의 남은 무리들을 데리고 오고 싶다고 이야기 한다. 손책의 막료들은 태사자가 달아날 것이라고 생각했지만 그가 병사를 데리고 다시 돌아와 손책이 이를 기뻐했다고 한다. 이 후에 손책은 「동오東吳의 덕왕德王」이라 불리는 엄백호嚴白虎를 무찌르는 등 활약을 계속 이어간다.

미니지식 **전국의 옥새**

옥새라는 것은 옥으로 만든 도장으로, 진나라의 시황제(始皇帝) 이래 황제만이 쓸 수 있는 것을 옥새라고 부르게 되었다. 덧붙여, 옥이라는 것은 비취의 또 다른 이름이다. 이 옥새는 시황제 이래 대대로 황제에 의해 계승되어 그 권력의 상징으로 취급되었다. 삼국시대 후에도 대대로 중국의 왕조에 의해 계승되었다. 하지만, 오대십국시대(五代十國時代)에 후진(後晋)의 출제(出帝)가 요나라의 태종(太宗)에게 잡혔을 때 분실되어 지금까지도 행방불명이다.

1. 손책의 출발
원술로부터 옥새 대신에 병사를 빌린 손책은 단양군의 태수인 숙부 오경(吳景)을 구한다는 명목으로 유요를 공격한다. 그의 부하로는 주치, 여범, 정보, 황개, 한당 등 손견 때부터의 신하와 친구인 주유, 장소와 장광이라는 두 명의 현인 등 우수한 사람들이 모여 있었다.

2. 손책과 태사자
유요의 부하 태사자는 맹장 손책과 호각을 이루며 싸웠다. 하지만, 주유의 책략에 빠진 유요는 패하여 유표에게 도망가고, 태사자는 손책에게 복수를 하고자 한 끝에 손책의 설득에 마음을 움직여 유요의 부하를 데리고 돌아와 부하가 된다. 그 때, 손책의 부하 대부분이「태사자가 정말로 돌아오지는 않을 것이다.」라고 생각하지만, 손책만이 태사자가 돌아올 것을 믿었다고 한다.

3. 강동을 지배
이 무렵, 오군에는「동오의 덕왕」이라 칭하는 엄백호라는 적이 있었다. 손책은 그를 격파하고, 달아나는 엄백호를 회계(會稽)까지 쫓아갔다. 회계의 관리 왕랑(王朗)은 엄백호와 함께 손책과 싸우지만 패배한다. 이리하여 드넓은 강동 땅은 손책이 지배하게 된다.

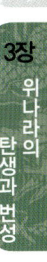

3장 위나라의 탄생과 번성

三國志 75

AD 200 강동의 소패왕 손책의 죽음

꺼져가는 야망

순조롭게 세력을 확대해 가던 손책의 기세를 조조는 경계하게 된다. 사촌동생인 조인의 딸을 손책의 막내 동생과 결혼시켜 인연을 맺고자 했다. 조조가 처음에 그를 「아버지의 후광을 입은 보잘 것 없는 남자」라고 평가했던 것을 생각해 보면, 손책의 기세와 발전은 이 정도로 어마어마해졌음을 짐작할 수 있다. 하지만 손책의 야망은 거기서 끝나지 않고 「대사마大司馬」라는 지위를 요구하게 된다. 이것을 조조가 거부했기 때문에 이번에는 허도를 습격해 헌제를 납치해 올 계획까지 세운다. 그 때 원소가 제안을 해오는데, 북쪽과 남쪽, 양쪽에서 공격할 것을 제안 받은 손책은 매우 기뻐하며 잔치를 연다.

저주받아 살해당한 손책

이때, 사실 손책은 독이 묻은 활에 맞아 상처를 입었다. 그를 치료한 의사는 이미 독이 뼈까지 도달했기 때문에 100일 정도 안정을 취할 것을 권한다.

강동의 소패왕 손책의 죽음
강동땅을 손에 얻은 후에도 손책은 순조롭게 세력을 확대해 간다.

원술	조조	원소
처음에는 손책을 총애했으나, 「옥새를 돌려달라」는 편지를 받고도 돌려주지 않은 채 오히려 배은망덕하게 굴었다 ➡ 결국, 손책과 원술은 대립하게 된다.	처음에는 아버지 후광을 입은 가벼운 인물로 보았다 ➡ 그 후 그의 활약을 보고 재평가. 혼인정책으로 주변의 관계를 돈독히 한다.	손책이 조조와 대립하는 것을 보고 좋은 기회라고 여겨, 손책에게 심부름꾼을 보낸다 ➡ 공동전선을 구축하자는 제안을 손책도 기꺼이 받아들여 조조를 공격할 태세를 갖춘다.

그런데 연회 중에 무장들이 단상 밑으로 내려가는 것을 보았다. 이상하다고 생각한 손책이 그들에게 이유를 묻자 우길이라는 신선에게 인사를 드리러 간다는 대답을 들었다. 심사가 뒤틀린 손책은 우길을 잡아다 골탕먹일 작정으로 어려운 문제를 떠맡겼으나 우길이 그것을 전부 풀어내자 화가 나서 그의 목을 베어버린다. 하지만 우길의 영혼이 몇 번이고 나타나 손책에게 착란증상을 일으키게 하고 상처가 모두 터져 쓰러지고 만다. 이리하여 소패왕은 동생 손권에게 뒤를 맡기고 세상을 뜬다.

미니지식 손책, 실제 역사에서의 죽음

우길은 정사에서는 실제로 등장하지 않는 인물이기 때문에 손책의 죽음도 실제로는 조금 다르다. 화살에 맞은 상처가 악화되어 그대로 죽고 말았다. 이 습격을 진행한 것은 습격 전에 손책이 멸망시킨 허공(許貢)이라는 관리의 집에 머물던 3명의 손님이었다. 손책이 그를 멸망시킨 이유는 허공이 조조와 내통하고 있었기 때문이다. 그들은 손책이 허공을 멸망시킨 것을 원망하여, 손책이 사냥을 나왔을 때를 노려 활을 겨누었다. 참고로, 범인이 예전에 그에게 패배했던 엄백호의 잔당들이라는 이야기도 있다.

손책의 수난

오나라 군의 관리인 허공이 조조의 이반계(離反計)로 내통함. 그것을 안 손책은 허공을 처형.	손책, 괴도승(怪道僧)인 우길을 만나 그의 인기를 시샘하다.
↓	↓
허공의 집에 머물던 3명의 식객이 독이 묻은 화살로 사냥터로 나간 손책을 습격, 상처를 입히다.	손책의 시험에 응해 우길은 비를 내리게 하는 도술을 부리는 등 그 힘을 과시, 손책은 더욱 분노하여 그의 목을 베어 버린다.

손책은 처형당한 우길의 영혼이 밤중에 몇 번이고 나타나, 착란증세를 보인 끝에 상처가 악화된다.

이미 수명이 다한 것을 안 손책은 동생인 손권에게 뒤를 부탁하고 소패왕은 세상을 떠난다.

AD 200 손책의 활약과 죽음 | 활약한 주요 인물

손씨 가문의 숙적
황조(黃祖)

- 생몰(生沒): ?~208
- 자(文名): 불명(不明)
- 출생지(生誕): 불명(不明)

유표의 수하로 부대장. 손견이 형주를 공격했을 때 그에게 크게 진다. 실제 역사에서는 이 때 그의 부하에 의해 손견이 사살 당하기 때문에 이후 손책, 손권에게 원수가 되어 그를 노리게 되었다. 「연의」에서도 노숙의 조언을 받은 손권에게 공격 당한다. 이 때 부하인 감령을 해적 출신이라는 이유로 정당하게 평가하지 않아 전투에서 지고 살해당한다.

강동의 도사
우길(于吉)

- 생몰(生沒): ?~200
- 자(文名): 불명(不明)
- 출생지(生誕): 불명(不明)

후한(後漢) 말기의 도사 도교(道敎)를 신봉하는 사람. 강동에서 백성들에게 널리 존경받아, 그 인기를 시샘한 손책에게 잡혀간다. 손책은 그가 비를 내리게 하도록 명령하는데 우길은 이를 훌륭하게 해냈기 때문에 사람들은 더더욱 그를 존경하게 된다. 그를 시기하게 된 손책은 결국 우길의 목을 베어 버리는데, 이후 우길의 환영을 보고 몸이 쇠약해진다.

충의의 무장
태사자(太史慈)

생몰(生沒)	166~206
자(文名)	자의(子義)
출생지(生誕)	청주동래군황현(青州東萊郡黃縣)

양주의 유요를 따랐으나 그로부터 인정을 받지 못했다. 그런데, 적이었던 손책이 그의 역량과 됨됨이를 알아보고 정중하게 대우했기 때문에 그의 부하가 된다. 이후, 손권이 뒤를 이었을 때도 오나라의 무장으로서 계속해서 싸워간다. 하지만 합비(合肥) 전투에 있어서 위나라의 장료와 격하게 대립한 끝에, 그의 계략에 빠져 활을 「고슴도치」처럼 맞고 쓰러진다. 태사자는 쓰러지며 「사나이가 일척(一尺) 장검을 차고 태어나 공을 이루지 못하고 죽으니, 어찌 눈을 감는단 말인가!」하고 대갈일성(大喝一聲; 외마디 고함소리)하며 숨을 거둔다.

나라 안의 일은 그 만이 해결
장소(張昭)

생몰(生沒)	156~236
자(文名)	자포(子布)
출생지(生誕)	팽성(彭城)

장굉과 함께 강동의 이이라고 불린 현인. 주유에게 추천받아 손책의 부름을 받는다. 이후, 오나라의 중요한 직책을 맡아 활약한다. 손책은 그를 매우 신임하여 손권에게 유언으로 「나라 안의 일은 장소에게, 나라 밖의 일은 주유에게 상담하라」는 말을 남길 정도였다. 또한, 손권에게 황제가 되도록 권한 것도 그다. 『연의』에서는 여러 차례 비전론(非戰論)을 주장하고, 『적벽대전』이 전에는 제갈량과 논전(論戰)을 벌였으나 보기좋게 지고 만다.

AD 199 원술이 죽다

오만방자함으로 인심은 떠나다

옥새를 손에 넣고 황제를 자칭한 것까지는 별 탈 없이 지내지만 원술의 정치는 곧 막다른 길에 다다르고 만다. 백성들로부터 많은 세금을 거둬들여 호사스러운 생활을 하여 백성들의 원성을 사고, 영향력 있는 장군들도 그를 떠나게 된다.

진퇴양난에 빠진 원술은 의붓형인 원소에게 「황제 자리를 양보하겠다」며 보호해 줄 것을 요청하지만 원소는 그를 도와줄 군대를 보내지 않는다. 그 때문에 그는 스스로 원소에게 가야만 했다. 원래 남보다 못한 사이였고, 게다가 몇 년이고 패권을 두고 다퉜던 상대이기 때문에 당연한 일이었다.

원술의 애처로운 죽음

원술 일행이 서주를 지날 때, 기다리고 있던 유비군이 공격해 왔다. 장비가 원술군의 대장을 죽이자, 눈 깜짝할 사이 완패하고 만다.

많은 병사들이 원술을 버리고 도망가 버리고 남은 자들도 식량이 떨어져 한사람한사람씩 굶어죽어 갔다. 그리고 어느 무더운 날, 원술이 목마름을 견딜 수 없어 주방장에게 꿀물을 가져올 것을 명령했는데 그는 「지금 있는 것이라고는 핏물 뿐입니다」라고 대답한다. 이리하여 원술은 큰 소리로 울부짖다가 피를 토하며 죽고 만다. 황제를 자칭한 원술은 너무나 애처롭게 죽음을 맞이한다.

에피소드 또 하나의 죽음

원술의 죽음에는 또 다른 이야기가 있다. 어떤 이야기에 따르면, 유비에게 패하고 원술과 원술의 사촌인 원윤만이 남게 되었다. 굶주림에 고통스러워 하며 필사적으로 원소가 있는 곳으로 향하던 중, 어느 농가 앞을 지나게 된다. 물을 달라는 원술의 요청에, 그 농가의 주인은 화분을 깨며 「당신에게 줄 물은 없다」고 야멸차게 말을 내뱉는다. 그는 원래 원술이 다스리던 마을 사람이었던 것이다. 민심을 완전히 잃은 것을 깨달은 원술은 절망한 나머지 피를 토하며 죽었다고 한다.

AD199 유비, 수도를 벗어나 서주에서 독립하다

유비가 수도에서 달아난 이유

서주에서 원술을 물리친 유비였지만, 그가 병사들을 데리고 나온 데에는 이유가 있었다. 그 계기는 조조의 독단적 행동이었다. 조조는 수도의 권력을 독점하고 있었지만, 한편으로는 거기에 반대하는 헌제의 편이 있다는 것을 알고 있었다. 그래서 헌제파(獻帝派)의 움직임을 살피고 있던 조조는 덫을 놓기로 한다. 조조는 헌제가 사냥하는 데 따라가, 멋대로 황제의 활을 집어들어 사냥감을 쏘게 된다. 이 무례한 행동에 화를 낸 것은 헌제를 추종하는 자들이었다. 그리고 이들은 주위의 헌제를 추종하는 자들의 신원을 확인하고 싶어 했다. 실제로, 이때 관우가 칼을 들고 덤벼들려고 했기 때문에 유비는 관우를 제지하고 조조를 칭찬하는 것으로 그 장소를 벗어나는데 성공한다.

헌제의 분노

이 행동에 가장 분함을 느낀 것은 당연히 헌제였다. 헌제는 조조를 타도할 결심을 하고, 스스

유비, 수도를 떠나 서주로 독립하다

조조는 헌제를 보호했지만, 그 목적은 한나라의 부흥이 아닌, 어디까지나 황제의 권위를 앞세워 자신의 세력을 키우는 것이었다.

마음대로 관료의 지위를 박탈하거나 이것을 탄핵하는 자도 처형하는 등 조조는 온갖 독선적 행위를 저질렀다. 게다가 헌제를 추종하는 일당을 찾아내기 위해 사냥할 때 일부러 무례한 행동을 한다	매우 분노한 헌제는 조조를 타도할 것을 결심. ➡ 옥으로 만든 띠에 손가락을 깨물어 피로 쓴 비밀문서를 숨겨, 거기장군인 동승에게 전한다.

로 자신의 피로 쓴 비밀문서를 옥으로 만든 띠 속에 숨겨서, 거기장군車騎將軍인 동승에게 하사한다. 통곡을 한 동승은 조조에게 대항하기 위해 동료를 비밀리에 구하는데, 그 중에 한 사람인 양주의 마등이 추천한 자가 바로 유비였다.

그 후, 유비는 원소가 공손찬을 공격해 무찌른 것과 원술이 원소에게 합류하기 위해 이동하고 있는 것을 알게 되었다. 이것을 탈출의 기회로 생각한 유비는 원술을 공격한다는 이유로 수도를 벗어난다. 그리고 그대로 서주에 도달해 조조로부터 독립한다.

에피소드 천하의 영웅

유비는 동승의 권유를 받은 이후 일부러 밭일에 정성을 쏟는 등 조조의 의심을 받지 않도록 하루하루를 보내고 있었다. 그런데 어느날, 조조에게 연회에 초청받아 조조가 그의 마음을 떠본다. 그 때 조조는 유비에게 「이 시대의 영웅이 누군가?」하고 물었다. 그러자, 원술, 원소, 유표, 손책, 유장 등 유비가 이름을 거론한 유명한 영웅들을 차례차례 비판하면서, 마지막에 「현재, 영웅이라 할 수 있는 것은 나와 너 뿐이다」라고 말한다. 이것에 놀란 유비는 젓가락을 떨어뜨리고 말지만, 마침 천둥소리에 놀라서 탁자 밑으로 기어든다. 물론 거짓 제스처였다. 그걸 본 조조는 「이 자는 소인배이다」하며, 다음날 유비로 하여금 원술을 공격하도록 출발시킨다. 「싸우다 죽어도 좋고 승리하면 더 좋고…」

분개한 동승은 조조를 타도하기 위해 동료를 찾는다. 조조가 사냥터에서 한 행동에 분노한 이들이 많았고 여기에 참가한 서량태수 마등이 유비를 추천한다.
➡ 그 무렵, 유비는 헌제의 숙부로써 인정받고 있었으며 명성이 더욱 높아지고 있었다.

유비의 결단
헌제의 고뇌를 알고, 손가락을 베어 서류에 피로 도장을 찍고 조조를 반대하는 계획에 참가하는 한편 밭일에 정성을 쏟으니 속마음을 떠보는 조조에게 얼버무려 사실을 숨긴다.

벌써부터 이를 눈치 챈 유비는 원술을 무찌르는 것을 구실로 조조의 수도인 허도(許都)를 벗어나 원술을 쓰러뜨린 후에 그대로 서주에서 조조의 손아귀에서 벗어나 독립한다.

AD 200 동승의 책략이 탄로나고 유비는 도망가다

독을 음식에 집어넣지만 실패하다

유비가 서주로 달아나고, 마등이 양주에 돌아간 뒤에도 동승은 조조를 타도하기 위해 책략을 짜고 있었다. 그러던 어느 날, 그는 너무 애를 쓴 나머지 조조를 죽이는 꿈을 꾸게 되는데 그것이 궁정宮廷 의사에게 누설되고 만다. 당황한 동승에게 자신도 뜻이 같다고 말한 의사는 조조를 독살하자는 제안을 한다. 하지만 그 대화를 동승의 하인이 듣고 있었다.

그 하인이 조조의 저택으로 달려가 폭로함으로 인해 계획은 실패하고, 동승의 계획에 관련된 사람들도 모두 처형당한다. 게다가 헌제의 비밀문서를 발견한 조조는 황제를 폐위시키는 대신 동승의 누이 동귀비를 처형한다.

조조, 유비를 공격하다

이리하여 조조 암살 계획은 실패로 끝나버리고, 동승의 동료 중에 마등과 유비만이 남았다.

동승의 책략이 탄로나고 유비는 도망가다
조조는 안팎으로 적을 감싸 안으면서도 확실하게 그것들을 매듭지어 간다.

유비는 서주로 도망가고 마등은 양주에 돌아가 버리지만,
동승은 남은 동료들과 함께 조조를 타도 할 계획을 세운다.

어느날 동승에게 「유표, 원소, 마등, 한수가 병사를 일으켜, 궁은 텅 비게 되었다」는 보고가 들어온다. 유감스럽게도 그것은 단지 꿈이었다. 하지만 조조를 죽이는 꿈을 꾸고 있었던 것을 안 궁중의 충직한 의사가 동료가 된다.

마등이 있는 양주는 거리가 멀어서 공격하기 어려웠고, 유비를 영웅으로서 높이 평가하고 있던 조조는 20만 대군을 파견해 서주를 공격하게 된다. 이 공격으로 서주에 있던 유비 일행은 각각 뿔뿔이 흩어지고 만다.

이 때, 유비는 원소에게, 장비는 망탕산(芒碭山)으로 멀리 달아나 유비의 두 명의 부인을 지키고 있던 관우는 세 가지 조건을 제시한 후 조조의 휘하에 있게 된다. 이 삼형제가 다시 모이는 것은 조금 더 뒤에 이루어 지게 된다.

에피소드 3가지 조건

관우는 조조의 밑에 있는 것으로 3가지 조건을 내놓는다. 하나, 자신이 항복하는 대상은 한나라의 황제이지 조조가 아닐 것. 둘, 관우가 지키고 있었던 유비의 부인에게 손을 대지 말고 유비의 지위 급여를 줄 것. 셋, 유비의 행방을 알게 되면 자신은 바로 유비에게 돌아가는 것을 허락할 것.

조조는 관우의 무용과 인격의 됨됨이를 아끼고 있었기 때문에 이 조건들을 전부 수용했다. 그 후에도 여포가 타던 명마인 적토마를 포함한 많은 선물을 수여하지만 관우의 마음은 조금도 흔들리지 않았다.

그것은, 궁중 의사가 조조를 독살하는 계획이었으나 동승의 하인이 조조에게 이 사실을 몰래 알려 실패하고 동승과 그 무리들은 처형당한다.
이 때 조조는 헌제를 폐위할 작정이었으나, 충고를 받아들여 헌제를 폐위하는 대신 동승의 누이 동귀비를 죽인다.

동승의 동료 중 남은 것은 마등과 유비뿐, 조조는 20만 대군으로 유비를 공격한다.
유비는 원소에게 지원군을 요청했으나 오지 않아 결국 중과부족으로 패하고 삼형제는 뿔뿔이 흩어진다.

유비	관우	장비
처자식과 떨어져 원소에게 도망간다.	유비의 부인들을 지키며 장요의 설득으로 조조의 밑으로 간다.	망탕산으로 달아나 산적이 된다.

무기해설
후한시대의 무기류 ❷

삼국시대의 성을 공격하는 무기들

　　삼국시대의 공성전(攻城戰 ; 성을 공격하는 전투)은 대부분 성벽을 따라 도시를 통째로 둘러싸고 평지의 큰 성을 공격하는 것이었다. 성은 평지에 세워졌기 때문에 대형 병기를 손쉽게 근처까지 운반할 수 있었다. 또한 상대의 규모도 컸기 때문에 대규모의 공성 무기가 사용되는 경우도 많았다.

소차(巢車)▶
공성전에서는 성벽을 넘어 적의 움직임을 보고 야외전을 할 때도 멀리까지 망을 보기 위해 사용한 것이 소차이다. 곤도라의 중간에 사람이 타서 적의 정세나 지형을 살펴본다. 그림에 표시된 곤도라가 가동식(可動式)으로 되어 있는 것 외에, 「망루차(望樓車)」라는 곤도라가 기둥 위에 서 있는 고정식(固定式)도 있었다.

◀ 발석차(發石車)
공성병기 「발석차」는 최대 50킬로그램의 돌을 날려버리는 것이 가능하여 상대방의 건물을 쉽게 부수는 것이 가능했다. 『연의』에서는 관도전투에서 조조가 사용하고, 원소 쪽의 망루를 날려버렸다. 이때 사용한 발석차는 발사한 돌이 날아가 맞는 소리가 마치 천둥과 같다는 데에서 「벽력차(霹靂車)」라고도 불렸다.

충차(衝車)

성을 공격할 때 가장 먼저 표적이 되는 것은 원래 성의 한가운데와 밖을 잇는 역할을 하는 성문이다. 물론, 공성전을 벌일 때는 굳게 닫혀져 있기 때문에 공격을 하는 쪽은 어떻게든 문을 부숴야 했다. 이때 사용되는 것이 「충차」다. 차의 위를 덮고 있는 지붕의 아래에 종을 치는 나무와 같이 거대한 창이 달려 있고, 그것을 부딪히는 것으로 문을 부수는 원리이다.

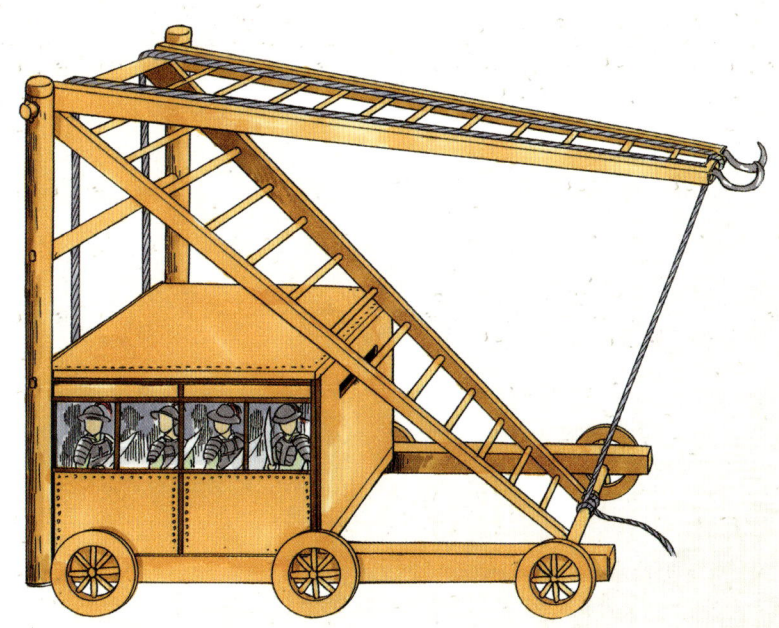

운제(雲梯)

성을 공격할 때에 가장 큰 장애가 되는 것은 성을 둘러싸고 있는 견고한 성벽이다. 이것을 뛰어넘기 위해 사용된 것이 글자 그대로 수레 위에 사다리를 실은 수레다. 몇 가지 종류가 있어서 단지 비스듬하게 사다리를 실은 것을 「행천교(行天橋)」, 사다리를 접어서 포개는 식으로 되어있는 것이 「탑천차(塔天車)」, 그것을 대형화한 것을 「운제」라고 부른다. 『연의』에서는 제2차 북벌 진창(陳倉)전에서 등장해, 제갈량이 백대에 달하는 운제를 계속해서 내보내지만 불화살에 의해 모조리 불타버린다. 그림에 나와있는 것은 「운제」이다.

AD 200 관도대전투(大官渡戰)
원소, 조조와의 대규모 전투에서 패하다

백마(白馬)에서의 전초전(前哨戰)

헌제의 권위를 등에 업고 더욱 힘을 키워가던 조조와 화북華北일대인 사주四州를 손에 넣은 원소가 부딪힐 것은 이미 뻔한 일이었다. 이 전투는 역사적 사실에 있어서도 『연의』에 있어서도, 중국 북부의 패권을 두고 벌이는 중대한 전쟁이 된다. 그 전초전이 황하黃河의 건너편 백마에서 벌어졌다. 거기서 활약한 것이 조조의 휘하에 있었던 관우였다. 앞에서 안량의 머리를 베고, 그 복수를 하러 나온 문추까지 물리치게 된다. 그리고 이 활약에서 관우의 행방을 안 유비가 연락을 하자, 원래 약속대로 조조에게 벗어나 유비에게 향한다.

관도전투

이리하여 관도에서 양쪽 군대가 마주하였으나 조조의 군대는 원소 군대의 십분의 일 정도에 식량도 충분하지 않았다. 그런데 원소는 참모인 허유許攸가 제안한 상대의 보급을 끊는 작전을 택하기는 커녕, 허유의 부정을 이유로 그를 멀리하였다.

허유는 바로 조조의 진영에 뛰어 들어가 원소의 식량 창고인 오소烏巢를 불태워버릴 것을 제안하고 조조는 그 의견을 받아들여 행동으로 옮긴다. 게다가, 이때 관도를 공격하고 있었던 대장 고람高覽과 장합張郃이 항복하여 원소군은 패배한다. 그 후 원소는 이 전투에서의 충격으로 병으로 쓰러져 죽고 만다.

에피소드 관우의 천리행(千里行)

유비가 있는 곳을 안 관우는 마찬가지로 조조의 보호 아래 있었던 유비의 부인들을 데리고 유비에게 향한다. 이것이 이름도 유명한 관우의 천리행이다. 그는 혈혈단신으로 다섯 개의 관문에서 여섯 명의 무장을 쓰러뜨리고 나아가 마지막에는 앞을 가로막은 조조군의 대장 하후돈과 싸움을 벌이던 와중에 조조의 통행허가서가 도착한다. 조조는 관우의 충성심과 의리를 높이 평가해, 작은 착오로 6명의 무장이 목숨을 잃은 셈치고 관우를 책망하지 않고 보내주게 된다. 이것이 역사에 남은 관우의 오관육참(五關六斬) 또는 천리행이다.

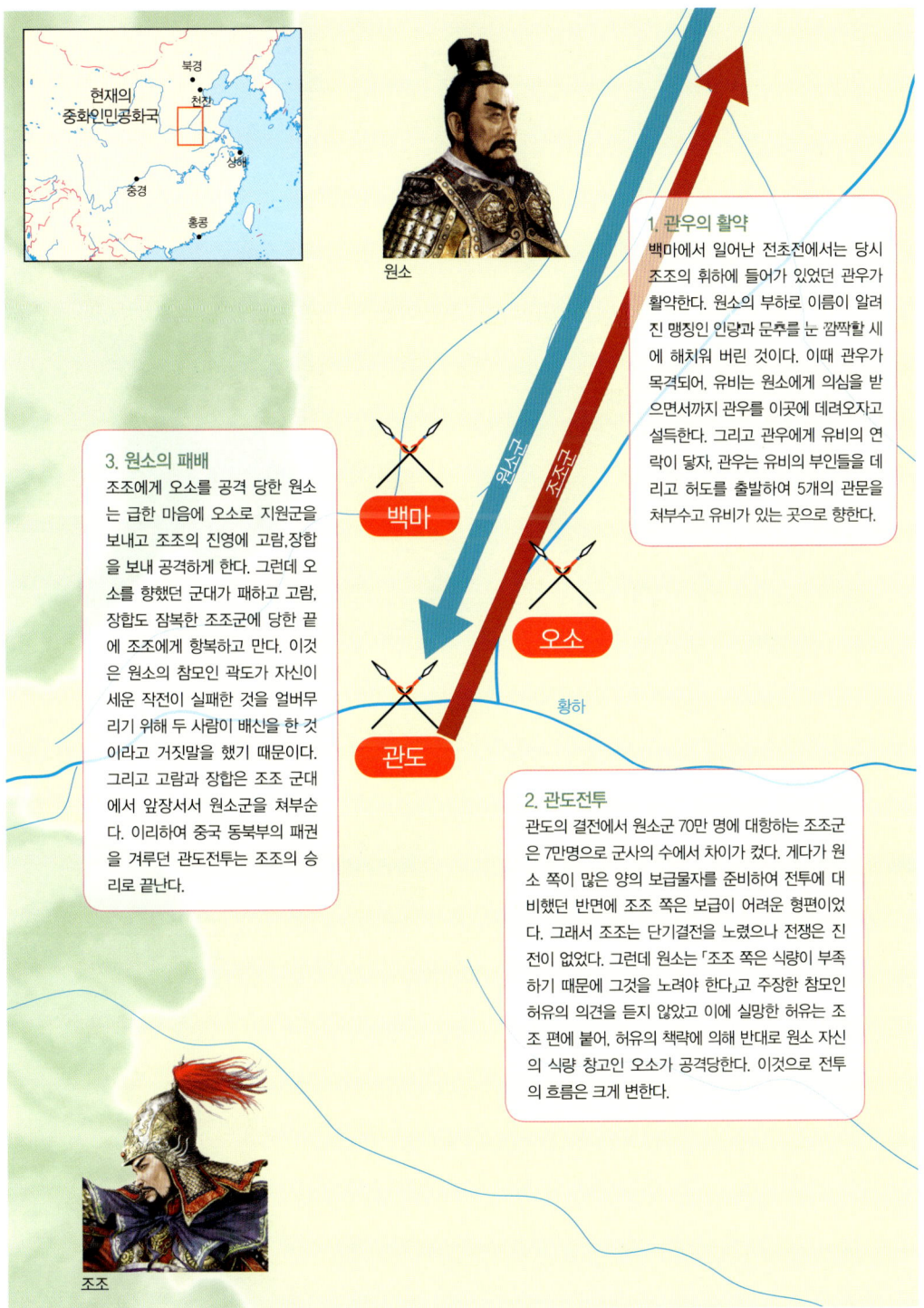

1. 관우의 활약
백마에서 일어난 전초전에서는 당시 조조의 휘하에 들어가 있었던 관우가 활약한다. 원소의 부하로 이름이 알려진 맹장인 안량과 문추를 눈 깜짝할 새에 해치워 버린 것이다. 이때 관우가 목격되어, 유비는 원소에게 의심을 받으면서까지 관우를 이곳에 데려오자고 설득한다. 그리고 관우에게 유비의 연락이 닿자, 관우는 유비의 부인들을 데리고 허도를 출발하여 5개의 관문을 쳐부수고 유비가 있는 곳으로 향한다.

3. 원소의 패배
조조에게 오소를 공격 당한 원소는 급한 마음에 오소로 지원군을 보내고 조조의 진영에 고람, 장합을 보내 공격하게 한다. 그런데 오소를 향했던 군대가 패하고 고람, 장합도 잠복한 조조군에 당한 끝에 조조에게 항복하고 만다. 이것은 원소의 참모인 곽도가 자신이 세운 작전이 실패한 것을 얼버무리기 위해 두 사람이 배신을 한 것이라고 거짓말을 했기 때문이다. 그리고 고람과 장합은 조조 군대에서 앞장서서 원소군을 쳐부순다. 이리하여 중국 동북부의 패권을 겨루던 관도전투는 조조의 승리로 끝난다.

2. 관도전투
관도의 결전에서 원소군 70만 명에 대항하는 조조군은 7만명으로 군사의 수에서 차이가 컸다. 게다가 원소 쪽이 많은 양의 보급물자를 준비하여 전투에 대비했던 반면에 조조 쪽은 보급이 어려운 형편이었다. 그래서 조조는 단기결전을 노렸으나 전쟁은 진전이 없었다. 그런데 원소는 「조조 쪽은 식량이 부족하기 때문에 그것을 노려야 한다」고 주장한 참모인 허유의 의견을 듣지 않았고 이에 실망한 허유는 조조 편에 붙어, 허유의 책략에 의해 반대로 원소 자신의 식량 창고인 오소가 공격당한다. 이것으로 전투의 흐름은 크게 변한다.

三國志 89

AD 200 관도대전투 | 활약한 주요 인물

원소군의 용맹한 장군
안량(顔良)

생몰(生沒)	? ~ 200
자(文名)	불명(不明)
출생지(生誕)	불명(不明)

원소의 부하로 문추와 함께 용맹한 장군으로 알려진 인물. 관도전투에서는 선봉에 서서 전쟁에 나섰다. 위속(魏續)과 송헌(宋憲)을 물리치고 서황(徐晃)을 상대로 승리한다. 그런데, 조조에게 의뢰받은 관우에 의해 일태도(一太刀)로 절명하고 만다. 일설에는 유비에게 관우의 인상을 물어본 순간 당했다는 이야기도 있다.

하북의 유명한 장군
문추(文醜)

생몰(生沒)	? ~ 200
자(文名)	불명(不明)
출생지(生誕)	불명(不明)

원소의 부하로 하북의 유명한 장군으로 알려져 있다. 안량과는 형제와 같은 사이로 그런 그가 당했다는 것을 알고 원소에게 요청해 전쟁에 나간다. 조조의 함정에 걸리면서까지도 조조의 선봉장 서황과 장료를 쫓아내지만 그때 나타난 관우에게 목숨을 빼앗긴다. 관우에게 유비의 편지를 건네주려다가 살해당했다는 이야기가 있다.

조조에게 충고하다
순유(荀攸)

생몰(生沒)	157 ~ 214
자(文名)	공달(公達)
출생지(生誕)	불명(不明)

조조가 군사(軍師)로서 중용한 순욱의 조카. 여포와의 싸움이나 관도전투에서 정확한 조언으로 조조를 보좌하고 원소가 죽은 뒤에는 그의 아들들인 원담(袁譚)과 원상(袁尙)의 형제가 서로 자리 경쟁에 빠져들어 싸우도록 부추겼다. 그리고 적벽대전의 전날 밤 연회를 여는 조조에게 충고를 하지만 그는 귀담아 듣지 않는다. 또한, 조조가 위나라의 왕이 되려고 했을 때 또 다시 그에게 충고했는데 조조가 이에 분노해 밖으로 쫓아내므로 낙담하고 병으로 쓰러져 곧 죽고 만다.

관우의 벗
장료(張遼)

생몰(生沒)	169 ~ 225
자(文名)	
출생지(生誕)	

원래는 여포의 부하였던 장수로서 여포는 그를 무시했으나 조조를 무찌른 적도 있었다. 여포가 하비에서 처형 당했을 때, 조조가 그를 알아보고 결박을 풀자 이에 항복했다. 이후에는 위나라의 유명한 장수로서 관도전투를 시작으로 몇 번의 전투에서 크게 활약했다. 관우와는 친분이 두터워 유비와 떨어져 쫓기고 있는 그를 설득해 조조의 밑에 있도록 했다. 조조가 죽은 뒤에도 조비를 섬기지만 오나라와의 전투에서 활에 맞아 부상을 당한다. 이것이 치명상이 되어 전장에서 돌아온 뒤 상처가 악화되어 죽고 만다.

AD 200-207 유비, 형주(荊州)로 가다

형주에서의 유비

관도전투가 일어나기 전, 유비에게 관우와 장비의 소식이 전해진다. 관우는 조조에게서 벗어나고, 장비는 산적으로 전락했다는 소식이었다. 유비는 원소를 벗어나 가까스로 3명이 합류하게 된다. 이 때, 공손찬이 멸망한 후에 방랑하던 조운과도 재회한다.

그 후 다시 조조에게 패한 유비는 형주로 들어간다. 유표는 그를 후하게 대우하지만, 그는 문제를 안고 있었다. 병이 깊어지고 있었는데 전처 소생의 장남인 유기劉琦와 채모蔡瑁 등 채씨 일족이 밀어주는 차남 유종, 어느쪽을 후계자로 할지 매우 고민하고 있었다.

흉마 적노(凶馬的盧), 유비의 목숨을 구하다

어느 날, 유표는 이 문제에 대해 유비에게 조언을 얻는다. 유비는 유기를 추천하지만, 이것을 채모의 누이이자 유종의 어머니인 채씨가 듣고 있었다. 그래서 채모는 유비를 홀로 초대하여 죽일

유비, 형주로 가다.
다시 모인 유비, 관우, 장비, 그리고 조자룡은 유표에게 보호를 요청하여 형주로

관우	장비	새로 등장하는 인물
유비의 부인들을 데리고 천리의 길을 달려 와 도중에 5개의 관문을 쳐부수고, 6명의 장수를 홀로 무찌른다.	산적으로 전락해 관우를 배신자라고 미워했지만, 조조 수하의 추격자를 쓰러뜨리는 관우을 보고 곧 납득하고 눈물로 재회한다.	공손찬이 멸망한 뒤, 홀로 방랑하고 있던 무장 조운과 재회. 관평, 주창 등도 등장한다.

유비는 「유표에게 지원군을 요청하러 간다」는 구실로 원소에게서 벗어나, 흩어졌다 만난 부하들과 함께 여남(汝南)에서 힘을 축적한다.

음모를 꾸민다. 간신히 몸을 빼내 도망가는 유비의 앞에, 급류가 흐르는 강이 나타나 길을 가로 막는다. 그 때, 그를 구한 것이 그가 타고 있던 말이었다.

이 말은 매우 이름난 말이었는데 이마에 하얀 반점이 있었다. 이것은 적노라는 불행을 초래하는 말의 특징이었다. 하지만, 유비가 「적노야, 적노야! 오늘이야말로 네가 재앙을 초래할 것인가!」라고 외치자 적노는 강을 뛰어넘어 주인의 목숨을 구한다.

미니지식 비육지탄(脾肉之嘆)

유비가 형주에서 평화로운 나날을 보내고 있었을 무렵의 이야기이다. 어느 연회에서 유비가 화장실에 갔는데 돌아올 때는 울고 있었다. 유표가 놀라서 물으니, 그 이유는 이러했다. 「나는 젊은 시절부터 계속 말을 탔기 때문에 허벅지 살은 탱탱했습니다. 그런데 말을 타지 않는 지금, 허벅지에 살이 통통하게 올랐습니다. 이렇게 제가 나이를 먹었는데 쌓은 공적은 아무 것도 없어 통탄스러워 슬픕니다」 여기에서 비육지탄이라는 속담이 탄생했다.

관도전투의 틈을 타 수도인 허도를 공격하려고 했으나 들켜서, 싸우는 동안에 오히려 비어 있는 여남을 역으로 공격 당해 크게 패한다.

유표에게서 달아난다.

유표는 유비를 후하게 대우하고 신야로 가게 한다. 하지만, 형주의 계승 문제로 인해 유비는 유표의 중신(重臣)이자 외척인 채모에게 목숨을 위협받는다.

형주의 문제

유표의 장남 유기는 총명하지만 몸이 약했다. 한편, 차남 유종은 어머니 채씨가 채씨 가문 채모의 누이였기 때문에 유표는 어느 쪽을 선택할 것인지 고민, 이때 유비는 유기를 추천한다.

채모는 우선 유표와 유비 사이를 멀어지게 하고자 일을 꾸미지만 실패하고 유비를 유인하여 죽이고자 한다. 혼자인 유비는 채모의 군사들에게 쫓기지만, 흉운을 부른다고 하는 백마(白馬)가 오히려 강을 뛰어넘어 주었기 때문에 목숨을 구한다.

AD 208 제갈량, 유비의 삼고초려에 세상 밖으로 나오다

복룡(伏龍), 유비를 따르다

적노 때문에 구사일생한 유비가 은자隱者인 사마휘司馬徽를 만나 군사軍師의 필요성을 설명한다. 그는 복룡伏龍, 봉추鳳雛 중 하나를 얻으면 천하를 평정할 수 있을 것이라고 말하지만 그것이 누구인지는 가르쳐 주지 않는다. 그 후 복룡이 제갈량이라는 인물이라는 것을 안 유비는 제갈량을 찾아가지만 좀처럼 만날 수가 없었다. 두 번 방문했으나 그가 부재중이었고, 겨우 그를 만난 3번째 방문 때 제갈량은 낮잠을 자고 있었다. 그래도 유비는 제갈량이 일어날 때까지 기다렸고, 그 뜻과 설득에 마음이 움직인 제갈량은 그의 밑으로 들어가기로 한다. 이것이 후세에 유명한 「삼고초려三顧草廬」이다.

제갈량이 설명한 천하삼분지계

또한, 「삼고초려」 때 제갈량이 유비에게 설명한 것이 역시 후세에 유명해진 「천하삼분지계」이

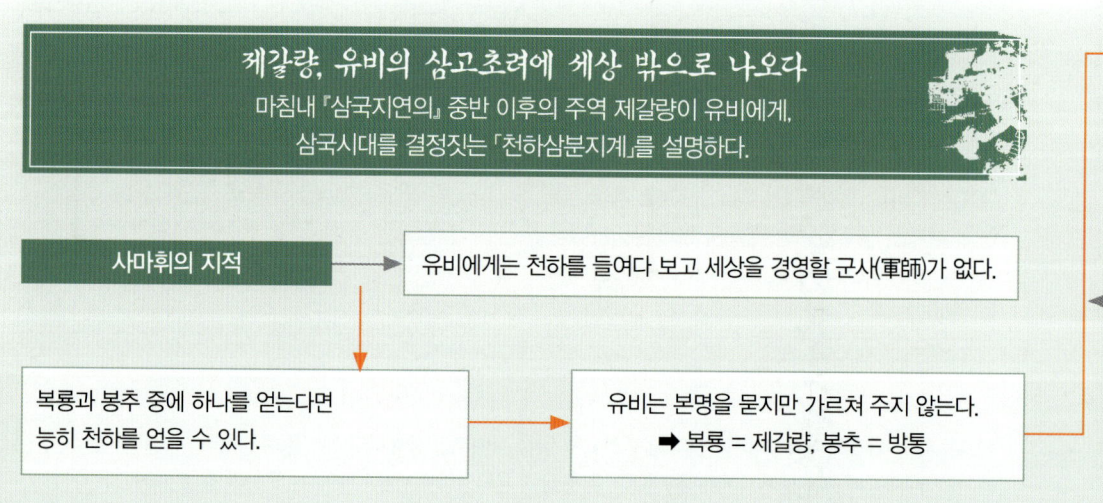

제갈량, 유비의 삼고초려에 세상 밖으로 나오다
마침내 『삼국지연의』 중반 이후의 주역 제갈량이 유비에게,
삼국시대를 결정짓는 「천하삼분지계」를 설명하다.

사마휘의 지적 → 유비에게는 천하를 들여다 보고 세상을 경영할 군사(軍師)가 없다.

복룡과 봉추 중에 하나를 얻는다면 능히 천하를 얻을 수 있다. → 유비는 본명을 묻지만 가르쳐 주지 않는다.
➡ 복룡 = 제갈량, 봉추 = 방통

다. 조조는 이미 강대한 힘을 가지고 있어 그와 대등하게 싸우는 것은 어려웠다. 또, 강동의 손권은 3대를 걸쳐 다져진 기반이 튼튼하여 적에게 휘둘릴 일이 없었다.

　지형적으로 중요한 형주와 적을 방어하기 안성맞춤인 익주를 얻어, 천하를 삼등분 하는 형태를 만든 다음, 손권과 손을 잡고 기회를 엿보는 사이에 중원을 공격해야 한다는 것이 그의 생각이었다. 그리고 이 천하삼분지계의 실현이 『연의』 중반에 큰 테마가 된다.

에피소드   최초의 군사 서서(徐庶)

사실 그즈음, 제갈량 전에 유비의 군사였던 인물로 단복(單福)이라는 자가 있었다. 단복에 의해 유비의 군대는 훈련을 잘 받아, 여광(呂曠), 여상(呂翔)의 군대를 물리치고 원수를 갚으러 온 조인도 물리친다. 단복의 정체가 서서라는 우수한 군사라는 것을 안 조조는 그의 어머니의 이름을 사칭하여 자신의 밑으로 불러들인다. 효자였던 서서는 울며불며 하는 수 없이 유비의 곁을 떠나지만, 서서를 통해 제갈량이야말로 복룡이라는 것을 유비는 알 수 있었다.

유비가 올 것을 알고 있었던 제갈량. 그를 거쳐간 제자들 중에는 사마휘, 일명 휘경선생의 밑에는 인재가 많았다. 공명, 방통, 서서도 있었다. 유비가 인재를 구한다는 소문을 듣고 공명은 필시 자기를 찾을거라는 예상을 할 수 있었다. 그래서 유비일행이 멀리서 오면 미리 듣고 자리를 피했다는 이야기도 있다.

삼고초려
첫 번째　유비는 제갈량을 방문하지만, 부재중이었고, 먼저 와 있던 친구인 최주평과 말을 섞다가 돌아간다
두 번째　다시 방문했을 때도 제갈량은 부재중이었고, 만났다고 생각했더니 그것은 동생인 제갈균이었다.
세 번째　세 번째 방문해서야 겨우 제갈량이 집에 있었지만 낮잠을 자고 있던 중이었다.
　　　　　유비는 제갈량이 일어날 때까지 기다려 정중하게 설득하여 복룡을 얻는다.

먼저 유비는 단복이라 칭하는 군사인 서서를 얻지만, 조조의 책략으로 헤어지게 된다. 헤어질 때 서서가 제갈량이야말로 복룡이라는 것을 가르쳐 준다.

천하삼분지계
강대한 힘을 가진 조조와 대등하게 싸우는 것은 어렵고, 손권은 기반이 튼튼하여 적에게 휘둘릴 리가 없다.
그래서, 형주와 익주를 얻어 천하를 삼등분 하는 형세를 만들어 시기를 노려야 한다.

AD 208 신야(新野)전투
조조, 승상(丞相)에 오르고,
　　제갈량은 실력을 발휘하다

삼공제(三公制)를 폐지하고 승상이 되다

관도전투에서 원소를 무찌른 뒤 조조를 상대할 자는 없어졌다. 원씨 일족도 머지않아 멸망하고 남은 것은 형주의 유표, 오나라의 손권, 익주의 유장, 한중(漢中)의 장로, 양주의 마등, 그리고 신야의 유비 등. 그들은 각각 큰 세력을 가지고는 있었으나 조조에 대적할 만한 힘을 가진 자는 없었다. 그래서 조조는 행정(行政), 감찰(監察)과 정책입안(政策立案), 군사(軍師) 3개의 권한이 분할되어 있던 삼공(三公)의 직위(職位) 사도(司徒), 사공(司空), 태위(太尉)를 전부 없애고 자신이 승상이 되어 모든 것을 겸임한다. 마침내, 명실상부 한왕조(漢王朝)를 전담하는 자가 된다.

박망파의 불공격

계속해서 조조는 자신을 쉽게 따르지 않는 세력인 남부 지역을 공격하게 된다. 우선 목표가 된 것이 가장 세력이 약하면서 남쪽으로 내려가는 루트 상에 있는 신야의 유비로, 하후돈에게 10만의 병사를 주어 공격하게 한다. 그 무렵, 신야에서는 마침내 제갈량을 얻은 유비가 그를 후하게 대우했기 때문에 관우와 장비가 불만을 표시하고 있었다. 하지만, 하후돈의 군사력에 대해 제갈량은 박망파라는 장소에서 불로 공격할 것을 지시하여 훌륭하게 물리친다. 이것에 관우, 장비도 감탄하여 유비 진영에서도 자신을 가지고 마침내 조조에게 대항하기 위한 준비를 한다.

미니지식
원씨 일족의 멸망

관도전투 후에 원소는 병으로 죽는다. 그런데 넷째 아들 원상(袁尙)이 뒤를 잇는 것에 장남 원담(袁譚)이 반발해 형제 간의 골육상쟁이 일어난다. 조조가 이 틈을 노려 공격하여 원담은 패하여 죽고 만다. 원상은 요동의 공손강에게 도망갔지만 그를 죽여 군대를 빼앗으려고 했기 때문에 반대로 자신이 살해 당한다. 이리하여 명문 가문인 원씨 일족은 비참하게 멸망하고 말았다. 후일 조조는 원소의 무덤을 찾아 예전의 우정을 떠올리면서 눈물 흘리며 술을 따랐다고 한다.

AD 208 장판교(長坂橋) 전투
유표가 병으로 죽고 유비는 남하하여 조조로부터 달아난다

조조군의 진격

하후돈의 패배를 보고받은 조조는 스스로 50만 대군을 동원해서 공격에 나서기로 한다. 한편 그 무렵의 형주에서는 유표가 병으로 자리에 누워 있었다. 유표는 유비에게 형주를 맡기려고 하지만 유비는 그것을 거절하고 유표의 장남인 유기를 보좌하겠다고 약속한다. 그런데 채모의 모략으로 유표의 유언은 묵살되고 유기의 계모가 낳은 동생 유종이 뒤를 잇게 한다. 그리고 채모는 조조에게 항복하고 형주를 바치기로 한다. 유비는 그 계략을 눈치 채고 쫓아오는 조조군으로부터 도망간다. 이 때 제갈량은 형주를 빼앗을 것을 제안하지만 유표의 은혜를 잊을 수 없었던 유비는 그렇게 하지 않는다.

조운(조자룡)의 용맹과 장비의 위압감

유비는 후퇴하면서 제갈량의 계략에 의해 추격군 선봉에 있던 조인을 무찌르지만, 많은 피난민을 거느리고 있었기 때문에 당양현當陽縣의 장판에서 조조의 본진에 쫓기게 된다. 이 때, 조운은 혼란 속에 유비의 부인을 발견하지만, 그녀는 깊은 상처를 이유로 도움을 거절하고 대신 아들 아두阿斗를 부탁한다. 가슴에 갓난아이를 안고 있었던 조운은 적군의 한가운데를 빠져나와 장판교에 도달한다. 이 다리를 혼자 버티고 서서 지키고 있었던 것이 장비이다. 복병을 두려워 한 조조군은 아무도 그에게 덤빌 생각을 못하고 오히려 천둥같은 큰 고함소리로 꾸짖는 목소리에 장수 하나가 말에서 떨어져 버렸다. 이렇게 해서 시간을 번 유비는 달아날 수 있었다.

미니지식
실제 역사에서의 장판교 전투

조운의 용맹과 장비의 위압감은 『연의』에서도 백미의 인기 장면이지만, 사실 이 에피소드는 정사에서는 좀 다르다. 다만, 몇 가지 특이한 점이 있다. 우선, 조운은 아두를 보호하면서 적의 한가운데를 휘저으며 돌파해 나가고 있었지만 실제로는 이에 더해 유비의 부인도 함께 보호하면서 빠져 나갔다고 한다. 또한, 장비는 20여명의 기마병들과 함께 다리에 밧줄을 걸어 무너뜨림으로써 조조군의 진로를 가로막았다고 한다.

1. 압박해 오는 조조
하후돈이 패배하자, 계속해서 조조는 50만 대군을 데리고 공격해 온다. 형주의 유표와 유비, 강동의 손권은 조조가 천하를 지배하는데 반드시 쓰러뜨려야 할 상대였다. 게다가 이때, 유표가 병으로 죽고 후계자였던 유종이 조조에게 항복해 버린다.

2. 유비, 형주를 빼앗지 않는다
제갈량의 「형주를 빼앗아야 한다」는 충고를 거절한 유비는 자신을 따르는 백성들과 함께 도망갈 것을 계획한다. 닥쳐오는 조조군을 제갈량의 책략으로 차례차례 물리치면서 신야에서 양양으로 후퇴한다. 그러나 유종이 입성(入城)을 거부한다. 유비는 어쩔 수 없이 강릉을 향해 남쪽으로 내려간다.

3. 장판교
피난 가는 백성들을 데리고 있었기 때문에 이동이 느렸던 유비군은 당양현의 장판에서 조조군이 닥쳐와 혼전을 벌인다. 이때 조운은 삼국지 최고의 장면을 선보인다. 유비의 아들 아두를 안고 혼자서 적군의 한가운데를 돌파하고, 장비도 역시 혼자 다리 위에 서서 조조군을 위협하여 유비군이 도망갈 시간을 버는 등, 각각 맹렬한 기세로 힘을 다해 싸우는 모습을 보인다.

4. 유비, 가까스로 도망가다.
행선지를 바꿔 한진(漢津)으로 달아난 유비는, 강하의 유기(劉琦)에게 구원병을 청하러 갔던 관우의 군대와 만난다. 천신만고 끝에 그와 제갈량은 헤어졌던 유기의 영역으로 들어간다. 이리하여 유비는 조조군의 손아귀에서 일단 벗어난다.

미니지식 호족이나 관리의 지위

『삼국지연의』를 읽을 때 가장 어려운 것 중 하나가 고대 중국의 귀족이나 호족, 관리들의 지위를 이해하는 것이다.

황제가 가장 높고 다음이 왕이라는 정도는 알아도 자사刺史나 목牧이라고 불리는 직책을 이해하기 어려울 것이다. 그래서 여기서는 삼국지에 등장하는 지위에 대해 소개하도록 하겠다. 삼국지를 잘 이해하고 즐기는데 많은 도움이 될 것이다.

우선, 가장 높은 위치에 있는 것이 황제. 이것은 진秦나라의 시황제始皇帝가 처음 칭한 것으로, 각지를 통치하는 왕의 위에서 절대권력을 가진 자다. 이「황제」가 탄생했기 때문에 원래 가장 높은 지위였던「왕」은 작위爵位 중 하나로 취급받게 된다. 삼국시대에도 많은 영웅들이 이 지위를 두고 싸웠고 위, 촉, 오 3명의 황제가 등장한다. 그랬기 때문에 이 시대는 삼국시대라고 불리우고, 이 이야기는 삼국지라고 이름이 붙여진다.

황제의 아래 가장 지위가 높은 관료는 태부太傅와 대사마大司馬, 대장군大將軍이다. 대사마지금의 국방부장관는 군대 일을 담당하는 역할로, 이 위에 특별히 힘이 센 무관武官이 있을 때만 만들어지는 자리가 대장군지금의 참모총장이었다. 그에 비해, 태부는 단지 지위가 높을 뿐 실권이 없는 명예직과 같은 것이었다.

문관으로 최고의 지위는 행정과 감찰, 정책입안, 군사軍事 3개의 권한을 각각 가지는 사도司徒, 사공司空, 태위太尉와 같은 삼공三公 ; 지금의 참부요인 같은 것이었다. 조조는 이것을 없애고 모든 권한을 가지는 승상이라는 지위에 앉는다.

한편, 지방에는 지방 관료가 있었다. 전쟁 중 혼란의 시기가 되면 그들은 지방호족으로서 각각 세력을 축적해, 그 힘을 길렀다.

후한後漢의 정치 체제에 있어서 전국은 13주지금의 도로 나누어져 있어서 각각 장관이 있었다. 이 장관은 목 또는 자사라고 불렸다. 자사가 오래된 이름이지만 함께 쓰인다. 다만, 자사보다도 목이 지위나 급여가 높았다.

후에, 삼국시대 무렵에 주州의 관리뿐만 아니라 군사력까지 장악하는 자사를 주목이라고 부르게 되었다고도 하지만 분명하지는 않다.

또한, 주의 아래에는 군지금의 군과 같음이라는 행정구역이 있어서 군郡의 장관이 태수太守라고 불렸다. 그 군의 아래 현지금의 면(面)이 있어서 큰 현의 장관은 현령縣令, 작은 현의 장관은 현장縣長이라고 불렸다. 이 부분을 현대 한국의 모습으로 이해하려고 하면 혼란스러울 수 있기 때문에 주의가 필요하다.

※ 중국은 땅이 넓어서 웬만한 일개 현이 우리나라의 도(道)만 했다 한다.

208년	제갈량이 손권, 주유를 설득하다.
	유비, 손권, 적벽에서 조조를 물리치다.
	이 때 조조는 쫓기게 되지만 관우가 놓아주기 때문에 도망쳐서 체제를 정비한다.
	주유, 남군을 공격하다가 부상당하고 제갈량의 책략에 의해 남군, 양양을 빼앗긴다.
	유비, 손권의 여동생을 아내로 맞는다.
210년	주유, 상처가 악화되어 죽는다.
211년	아버지 마등을 살해당한 마초, 한수와 함께 조조를 공격하지만 다 이긴 전투에서 계략에 빠져 패하고 도망간다.
	유장, 장로에게 협박당해 유비를 촉으로 초대한다.
214년	유비, 유장과 대립하고 촉을 손에 넣기로 결심한 도중에 방통을 잃고 촉을 손에 넣는다.
215년	조조, 장로를 쓰러뜨리고 한중을 점령한다.
	손권, 유비의 요청으로 합비를 공격한다.
219년	유비, 한중을 공격하여 함락시키고 한중왕이라 칭한다.
	관우, 번성의 조인을 공격한다.
	오의 여몽, 관우가 방심한 사이에 형주를 공격, 관우는 붙잡혀 처형당한다.
220년	조조가 병으로 죽고 조비가 뒤를 잇는다.
	조비, 헌제를 폐하고 위를 건국한다.
221년	유비, 촉을 건국하고 오를 토벌하기 위해 병사를 일으키지만, 출병 직전에 장비가 부하에게 암살당한다.
222년	육손, 유비의 대군을 이릉전투에서 물리친다.
223년	유비, 백제성에서 제갈량에게 뒤를 부탁하고 죽는다.

4장

적벽대전부터
유비의 죽음까지

AD 208 적벽대전(赤壁大戰)
유비와 손권이 동맹을 맺고, 적벽에서 조조를 격파 ❶

제갈량의 설득

강하로 도망간 유비에게, 제갈량은 손권에게 구조를 요청하라고 말한다. 마침 그때, 조조의 대군을 경계하고 있던 손권이 노숙을 사자使者로 보낸다. 거기에서 제갈량은 노숙을 대동하여 손권에게 간다. 우선 그는 장소張昭를 시작으로 항복하고자 하는 자들에게 반박하고 손권의 자존심을 세워준다. 게다가 주유를 부추겨 보기 좋게 조조와 싸우도록 만든다. 제갈량의 지략을 위험하게 본 주유가 제갈량에게 「10만개의 화살을 모아라」라는 어려운 문제를 내지만, 조조군에 보자기를 덮은 배를 보내 화살을 쏘게 하여 획득한다.

유비와 손권이 동맹을 맺고, 적벽에서 조조를 격파
조조의 남하정책(南下政策)에 대항하기 위해 유비와 손책이 손을 잡는다

한진(漢津)보다 더 멀리 달아나 강하의 유기에게 피신한 유비에게 제갈량은 강동의 손권과 손을 잡을 것을 제안한다.

제갈량은 「유표와 오래 대립한 사이인 손권이 조문하러 사람을 보낼 리가 없다」고 간파한다.
손권도 또한 조조의 대군을 위험적으로 생각해, 유표의 조문을 구실로 노숙을 파견한다.

제갈량은 노숙과 함께 손권에게 가서 항복하고자 하는 이들과 손권, 주유를 교묘한 말로 설득한다.

 ## 고육지계와 연환지계

여기에 주유도 감탄하여 두 사람은 불로 공격하여 조조군을 타도하자는 의사를 확인한다. 그래서 주유는 노장인 황개와 「고육지계(일부러 황개에게 벌을 내려, 그것에 불만을 나타낸 그가 조조의 편이 되는 척하는 작전)」를 준비한다.

게다가, 주유는 강동에 살고 있던 방통을 조조에게 가도록 하여 「연환지계」로 조조의 군함을 전부 사슬로 이어 묶어놓게 한다.

배멀미로 고생하던 조조는 배가 별로 흔들리지 않는 것을 매우 기뻐하지만, 이것은 불로 공격하기 쉽게 하기 위한 준비인 것이었다. 이것으로 적벽대전 준비는 끝난다.

미니지식 실제 역사에서의 적벽

실제로도 적벽대전은 조조의 남쪽 정벌정책을 멈추게 한 큰 의미를 가진 전투이다. 그럼 실제로는 어떤 전투였는지 살펴보면, 오나라가 위나라를 완전히 격파시킨 혼신(渾身)의 승리였다고 한다. 주유가 주전론(主戰論)을 펼쳐 오나라를 움직이게 하고, 황개는 배신하는 척 하면서 조조를 방심시켜(고육지책은 여기서 창작된다) 조조의 대군을 물리친다. 이 때, 『연의』에 기록된 것처럼 제갈량과 유비군의 활약은 거의 없었다고 한다.

주유는 조조를 타도하기 위해 움직이는 한편, 제갈량이 위험하다고 생각하여 받아들이지 않고 제외하려 한다. 하지만, 위장된 군선들에 10만 개의 화살을 적이 쏘게 해서 모아 오는 책략에 주유도 감탄한다. 그래서 두 사람이 조조 타도를 위한 책략을 손에 써서, 서로 보여주었는데 [불(火)]로 일치했다.

화공 계획을 위한 준비

고육지계
손견시대부터 대대로 신하였던 황개가 일부러 주유의 뜻을 거역하여 호된 벌을 받고 주유를 배반한 척하여 조조에게 투항한다.

연환지계
방통을 조조에게 보내, 배멀미의 대책으로 배를 쇠사슬로 연결해 놓게 한다. 조조의 부하로 있던 서서가 이것을 간파하지만, 그는 유비와의 의리 때문에 모른 척한다.

AD 208 적벽대전(赤壁大戰)
유비와 손권이 동맹을 맺고, 적벽에서 조조를 격파 ❷

제갈량이 부른 동남풍

주유와 제갈량의 작전은 제대로 들어 맞았지만 조조에게도 아직 승산은 있었다. 배가 전부 사슬로 이어져 있어서 확실히 화공에 약했지만, 이 시기는 한창 겨울이었다. 서풍이나 북풍만이 불고 서북에 위치한 조조의 진영을 불태운다면, 반대로 오나라의 진영까지 불이 탈 수도 있었다.

그런데, 제갈량은 이것도 미리 내다보았다. 그는 기문둔갑(奇門遁甲)이라는 병법의 술수를 써서 비바람을 자유롭게 부릴 수 있었다고 한다. 주유는 그것을 믿고 공격을 준비했는데 도무지 바람이 변할 기미가 보이지 않았다. 하지만 작전을 수행할 때가 다가오자 갑자기 동남풍이 불었다.

조조, 달아나다

우선, 황개가 사자를 보내 투항하는 척을 하고 화약을 준비한 배를 투입시켜 불을 지른다. 거기에 오나라 군대가 공격해 와서 조조의 군사들은 대부분 죽는다. 조조는 부하와 함께 가까스로 달아나지만, 그곳을 유비의 부하들이 습격해 왔다. 제갈량은 조조가 달아날만한 길을 미리 파악하고 병사를 배치한 것이었다. 조운과 장비의 공격을 가까스로 피하고, 마지막에는 관우가 나타난다. 궁지에 몰린 조조……. 예전의 은혜를 생각한 관우는 조조를 처단할 수 없어 고민 끝에 그가 달아나는 것을 고개를 돌려 내버려둔다.

> **미니지식 주유의 살의(殺意)**
>
> 주유는 제갈량을 경계하고 있었다. 소수로 다수를 무찌르는 전술, 오나라를 유도해서 위나라와 싸우게 한 변론, 자유자재로 바람을 부리는 술수가 너무나도 훌륭했기 때문에 그가 적이 된다면 매우 두려운 존재라는 것을 알고 있었다. 그래서 10만개의 화살을 모아 오라는 어려운 문제를 냈고, 또 그가 동남풍을 부른 직후에는 병사를 보내 그를 죽이려 했다. 그런데 이것마저도 제갈량은 예상하고 있어서 그를 맞으러 온 조운의 배를 타고 유유히 떠난다.

1. 동남풍이 불다.
고육지계와 연환지계로 화공 계획을 준비했지만 아직 부족한 점이 있었다. 시기는 겨울로, 바람이 서에서 동으로 불고 있었다. 지금 서쪽에 있는 조조군의 군선에 불을 지르면, 바람이 불어 손권군 쪽에도 불이 옮겨 붙을 것이 뻔했다. 하지만 제갈량은 기문둔갑이라는 술수로 동남풍을 불게 하고, 적이 될지도 모르는 그를 제거하기 위해 주유가 보낸 자객으로부터 재빨리 달아난다.

2. 적벽대전
제갈량은 죽음은 면하고, 동남풍은 분다. 황개는 항복을 가장하고 유황과 기름을 실은 군선을 조조의 배에 갔다 붙여, 배에 불을 질러 공격한다. 이 군선들에는 화약도 가득 실려있었기 때문에, 사슬로 이어져 있었던 조조의 배는 매우 쉽게 타올랐고, 주유가 몰고온 군대가 덮쳐왔다. 조조군은 거의 전멸당하고 만다.

3. 관우의 의리
조조는 겨우 몸만 추스려 강릉을 바라보고 도망간다. 그러던 중에 몇 번이고 매복에 적합한 장소에 도착했는데, 조조는 그럴때마다 적병들이 매복하고 있지 않은 것을 다행으로 생각하고 웃었다. 하지만, 그때마다 매복하고 있던 유비의 군사들이 나타났다. 처음에 조운, 다음에는 장비의 공격이 이어졌으나 가까스로 견디고, 마지막에 관우가 나타났을 때는 이미 싸울 힘도 남아있지 않았다. 하지만, 의리가 있었던 관우는 예전의 은혜를 거론하는 조조를 차마 죽이지 못하고 도망가는 것을 내버려 둔다.

4장 적벽대전부터 유비의 죽음까지

AD 208 적벽대전 | 활약한 주요 인물

오나라의 명재상
노숙(魯肅)

- 생몰(生沒): 172~217
- 자(文名): 자경(子敬)
- 출생지(生誕): 임회군동성현(臨淮郡東城縣)

주유의 추천으로 손권의 부하가 된다. 남하하는 조조의 대군에 대항하기 위해 유비와 접촉하여 함께 맞서고자 한다. 주유는 온정이 두터운 사람이었고, 마음이 유순해서 제갈량과 주유의 임기응변에 휘둘리는 경우가 많았다. 또한, 손권에게 방통을 추천하여, 그가 채용되지 않자 유비에게 추천장을 써서 보낸다.

3대에 걸친 충성심과 의리가 있는 노장
황개(黃蓋)

- 생몰(生沒): ?~215
- 자(文名): 공복(公覆)
- 출생지(生誕): 형주영릉군(荊州零陵郡)

손견시대부터 삼대에 걸쳐 오나라를 섬긴 노련한 장군. 즐겨서 사용하던 무기로 쇠채찍이 있다. 적벽에서는 주유와 의논하여 「고육지계」, 즉 벌 받을 것을 이유로 조조의 밑으로 들어가는 척한다. 이것이 성공하여 위나라의 배를 화염에 휩싸이게 하는데 성공한다. 후에, 유비가 오나라를 침공했을 때는 이미 병으로 죽었다고 한다.

오나라의 미주랑
주유(周瑜)

생몰(生沒)	175 ~ 210
자(文名)	공근(公瑾)
출생지(生誕)	양주여강군(揚州廬江郡)

손책의 벗으로 함께 싸우고 그가 죽은 뒤에는 손권을 섬겨 활약한다. 「미주랑(美周郎)」이라는 이름으로 전해질 정도로 멋진 용모의 소유자로 알려져 있다. 적벽대전에서는 제갈량과 함께 책략을 세워서 조조를 무찌르는 동시에 제갈량의 지략을 경계하여 죽일 것을 계획하지만 실패한다. 이후에도 제갈량과 책략을 겨루지만 이긴 적이 없었고 이것에 분노한 나머지 예전에 입은 상처가 악화돼 죽고 만다. 『연의』에서는 제갈량을 넘지 못하는 역할로 묘사되는 비극의 인물.

낙봉파(落鳳坡)에서 몰락한 전략의 귀재
방통(龐統)

생몰(生沒)	178 ~ 213
자(文名)	사원(士元)
출생지(生誕)	양양군(襄陽郡)

「복룡」 제갈량에 버금가는 「봉추」라고 불린 명군사. 곰보에다 못생겼기 때문에 융숭한 대접을 받는 일이 적었고, 그 때문에 주군을 시험해 보는 일도 있었다. 적벽에서는 「연환지계」로 위나라 군대의 배를 전부 사슬로 이어서 움직이지 못하게 하고, 불로 공격하는 계획의 효과가 높아지게 하는 결정적 책략을 쓴다. 그 후 유비를 섬기고, 촉나라를 얻을 때에는 군사로서 동행한다. 하지만, 낙성(雒城)을 공격할 때에는 흉조가 나와 제갈량의 조언을 무시하고 유비가 타던 말을 타고 간도(間道)를 지나고 있을 때에 낙봉파에서 집중 사격을 받아 사살 당한다.

무기해설
후한시대의 무기류 ❸

여러 가지 용도의 군함

중국을 대표하는 강인 장강(長江 양쯔강)이나 황하는 일반인들이 생각하는 강과는 꽤 다르다. 상류지역은 어쨌든 하류지역까지 오면, 한쪽 언덕에서 건너편의 다른 한쪽의 언덕을 육안으로는 볼 수 없을 정도로 폭이 넓고, 그 모습은 마치 바다와 같다.

그렇기 때문에 중국에서는 강에서 전투를 하면 상상할 수 없을 정도로 큰 전투용 배가 사용되었다. 또한 강은 오(吳)라는 나라를 삼국의 중심에서 끝까지 살아남게 한, 천연 요새로써도 사용된다. 여기에서 소개하는 것은 그런 전투에서 사용된 여러 가지 배들이다.

몽충(艨衝) ▶
가늘고 긴 형태를 한 속도가 빠른 배로, 배 머리는 튼튼한 충각(衝角)으로 되어 있다. 그 속도를 활용해 적의 큰 배에 아랫 부분을 충각으로 충돌시켰다.

◀ 투선(鬪船)
방벽(防壁)으로 갑판실(甲板室)을 지키는 배. 전투에 사용할 수 있는 넓은 장소가 확보되어 있다. 누선(樓船)은 지휘를 하는 배인 반면에 이것은 확실히 싸움을 위해 건조된 「전투선(鬪船)」이라는 이름에 걸맞는 배이다. 지금의 구축함.

누선(樓船)

삼층의 갑판을 가진 대형선. 물 위의 본 진영이며 지휘선으로 사용되었다. 외형은 마치 물 위에 떠 있는 누각(樓閣; 고층건물)과 같아 보였기 때문에 누선이라고 불린다.

노(弩)를 쏘기 위한 구멍이 뚫려있다. 노를 쏘는 병사들 외에도 수백 명이 병사를 태울 수 있었다.

지금의 기함이나 전함에 해당한다.

정(艇)

세밀하고 빠른 소형의 쾌속정. 각 부대간의 전달사항을 전달하는데 쓰이거나 배에서 떨어진 아군을 구출하거나, 적의 진영을 정탐하는 목적으로 사용되었다.

지금의 초계정에 해당한다.

적마(赤馬)

흔히 말하는 카누 형태의 소형 배. 물 위를 말과 같이 빠르게 이동하고 측면이 빨강색으로 칠해져 있었기 때문에 이 이름을 가지게 되었다. 지금의 경비정.

AD 208 남군(南郡)전투 주유의 부상

주유, 남군을 공격하지만 부상을 입다

적벽에서 승리한 주유는 이제 조조의 후방 조인이 지키는 남군 공격에 착수한다. 하지만, 주유는 유비도 남군을 노리고 있는 것을 알고, 「일단 오나라가 먼저 공격하고, 함락시키지 못하면 유비가 공격한다」는 약속을 한다. 이렇게 하여 주유는 남군을 공격하고 조인을 쫓는다. 그런데, 조인에게는 조조가 내려준 책략이 있었다. 우선 물러나는 것처럼 보이게 해서 오나라 군대의 공격을 유인하는 것이다. 그리고 일부러 패하는 척하며 주유를 성 안으로 끌어들여 활로 쏘는 계획이었다. 주유는 보기 좋게 이 함정에 걸려 중상을 입고 만다.

유언을 남기고 이 세상을 떠나다

하지만 주유는 자신이 죽었다는 거짓 정보를 흘려 이번에는 역으로 적을 유인해 승리를 한다. 하지만 제갈량이 이 틈을 노려 그들이 싸우는 동안 남군과 양양을 점령해 버린다. 주유는 이에 격양되어 상처가 악화돼 쓰러진다. 이후에도 주유는 제갈량과 지략을 다투지만 번번이 지고 격앙되어 쓰러지는 것을 반복한다. 그리고 결국에는 이것이 목숨을 앗아가게 된다. 마지막에 그는 하늘을 바라보며 「아, 하늘이시여! 저를 이 세상에 태어나게 하셨으면서, 어찌하여 제갈량과 함께 태어나게 하셨습니까!」라고 절규하고 숨을 거두었다.

미니지식

천하이분지계

유비, 조조, 손권 3세력으로 천하를 3등분한 다음, 그 후에 조조를 공격하는 것이 제갈량의 「천하삼분지계」이다. 하지만, 실제 역사에서는 노숙이 구상하고 주유가 실행하려 한 「천하이분지계」라는 것이 있다. 이것은 익주의 유장과 한중의 장로를 공략해서 양주의 마초와 동맹을 맺고 손권과 조조가 천하를 양분하는 상태를 만들어, 그후 조조와 자웅을 가린다는 계획이었다. 주유는 노숙이 제창한 이 전략을 손권에게 전하고, 실행에 옮기기 위해 이동하는 도중에 죽었기 때문에 이 계획은 좌절되고 말았다고 한다.

3. 제갈량의 책략
유비는 유표가 살아있는 한, 형주를 빼앗는 것은 도리상 할 수 없다고 생각했지만, 그가 죽은 뒤 형주가 조조의 손에 넘어가자 자신의 본거지로 삼기 위해 형주를 손에 넣고 싶어한다. 그래서 제갈량은 주유가 조인과 싸우는 틈에 남군을 빼앗고, 양양의 하후돈에게 조인의 가짜 지원군 의뢰서를 보내 유인하여, 관우에게 양양을 빼앗아 오도록 한다.

2. 조인의 싸움
적벽대전에서 큰 타격을 입은 뒤, 조조는 남군을 조인에게 양양을 하후돈에게 맡기고 자신은 허도에 돌아와 전력을 재정비하는 것을 계획한다. 남군이 공격을 당할 때, 조인은 조조에게 부탁받은 계략으로 주유에게 부상을 입히지만 반대로 주유의 책략에 빠져 패배한다.

1. 주유, 고전하다
적벽에서 조조를 대파한 주유는 남군을 공격하기 위해 군대를 데리고 나아간다. 동시에 남군과 형주를 노리고 있던 유비와 「우선 내가 남군을 공격하고, 함락시키지 못하면 유비가 공격한다」는 약속을 하고 남군에 주둔해 있는 조을 공격한다. 이 전투에서는 주유 자신이 활에 맞아 부상을 입는 등 고전하지만 자신이 죽었다는 거짓 소문을 퍼뜨려 적을 유인하는 책략으로 훌륭하게 조인을 무찌른다. 하지만 이 틈을 노린 제갈량에 의해 남군뿐 아니라 양양까지 유비에게 넘어가게 된다. 게다가 이 때 상처가 원인이 되어 후에 주유는 죽게 된다.

4장 적벽대전부터 유비의 죽음까지

AD 208 유비, 형주를 손에 넣다

유기(劉琦)를 꼭두각시로 내세워 형주를 지배

적벽에서 주로 싸운 것은 오나라였지만 형주를 점령한 것은 유비였다. 노숙은 이것을 비난하지만 제갈량은 유표의 아들 유기의 존재를 이유로 정당성을 주장한다. 노숙은 「병약한 유기가 곧 죽을 것이다」라고 생각하고 그가 죽으면 형주를 반환하는 조건으로 물러난다.

하지만 유비는 어떻게 해서든 형주를 손에 넣고 싶었다. 그래서 「백미白眉」라는 불리우는 마량의 추천에 따라 형주 남부의 중요한 요충지인 4개의 군영릉(零陵), 계양(桂揚), 무릉(武陵), 장사(長沙)을 점령한다. 이때, 후에 오호장군五虎將軍 중 한 명인 황충이 유비 진영으로 들어온다.

손권으로부터 제의

유비가 4개의 군을 점령한 뒤 유기가 병으로 죽고 만다. 당연히 노숙이 형주를 반환할 것을 재촉해오지만 제갈량은 다시 언변으로 노숙을 누르고 익주益州; 지금의 쓰촨성를 점령하면 형주를 반환한다고 약속한다.

유비, 형주를 손에 넣다
천하삼분지계를 실현하기 위해 유비는 형주를 확보한다.

제갈량의 주장
본래 형주의 주인은 유표의 장남이자, 본처의 아들 유기이고, 유비가 그를 돌봐주는 것은 당연한 것이다.

노숙의 주장
적벽에서 싸웠던 것은 대부분 손권의 군대이고 당연히 형주를 점유할 권리는 우리에게 있다.

「유기가 죽으면 형주를 반환한다」는 조건으로 일단 합의
➡ 노숙이 볼 때 병약한 유기가 곧 죽을 것이라고 생각했기 때문에

이에 반해 오나라는 손권의 여동생과 유비의 혼인을 계획한다. 그것을 명목으로 유비를 잡으려고 하지만, 손권의 여동생을 포함한 오나라의 사람들 대부분이 유비의 인품에 반하여 호위를 담당하는 조운의 활약으로 유비는 그녀와 결혼해서 형주로 무사히 돌아오는데 성공한다.

미니지식 — 형주는 어떤 곳?

삼국 전쟁 중에 형주는 대륙의 중심부에 위치해 있어서 종종 중대한 쟁점이 된다. 예를 들어 제갈량은 천하삼분지계에서 형주를 경제, 교통이 발달된 땅이라고 평가하여 위나라를 공격할 때 중대한 역할을 하는 장소라고 피력(披瀝; 평소에 가진 중요한 생각을 밝힘)한다. 또한, 장강을 천연요새라고 하는 오나라 역시, 그리고 남쪽 토벌을 계획하고 천하를 통일하고자 했던 위나라에게도, 장강의 상류에 위치한 형주의 존재는 무척 컸다. 실제로 후에 오나라는 형주를 통한 상류로부터 진나라에게 공격받아 멸망했다.

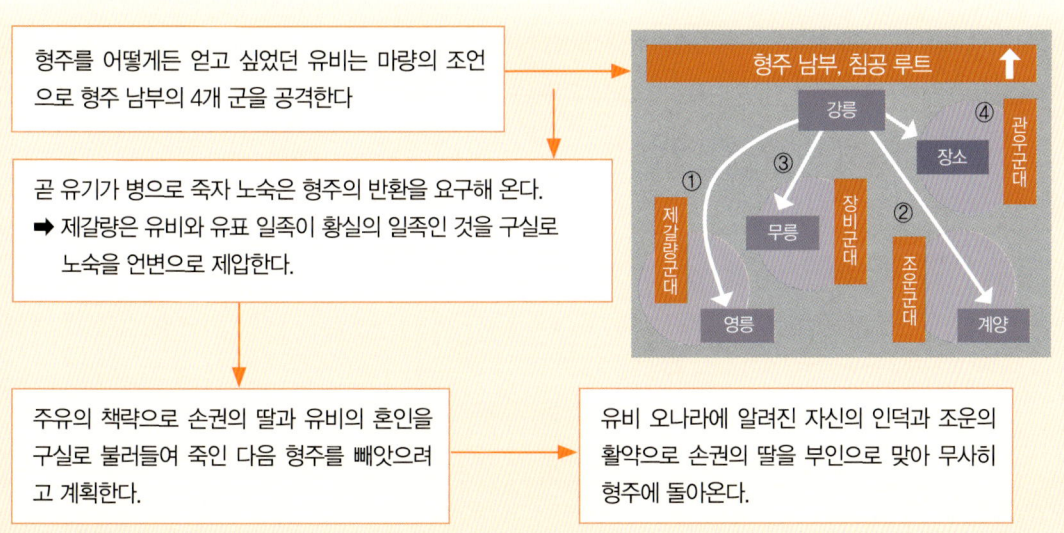

형주를 어떻게든 얻고 싶었던 유비는 마량의 조언으로 형주 남부의 4개 군을 공격한다

곧 유기가 병으로 죽자 노숙은 형주의 반환을 요구해 온다.
➡ 제갈량은 유비와 유표 일족이 황실의 일족인 것을 구실로 노숙을 언변으로 제압한다.

주유의 책략으로 손권의 딸과 유비의 혼인을 구실로 불러들여 죽인 다음 형주를 빼앗으려고 계획한다.

유비 오나라에 알려진 자신의 인덕과 조운의 활약으로 손권의 딸을 부인으로 맞아 무사히 형주에 돌아온다.

AD 211 마초와 한수, 서량(西凉)에서 조조에 대항하여 군사를 일으키다

마초, 조조를 괴롭히다

유비와 손권의 불순한 움직임을 주시하고 있던 조조는 다시 남쪽 토벌을 생각한다. 그래서 나중에 탈이 없도록 하기 위해 우선 서량의 맹주猛主인 마등을 불러들여 살해한다. 이에 분노한 것이 아들인 마초다. 아버지와 의형제 관계에 있던 한수와 함께 군대를 일으키고, 장안을 함락시킨다. 조조는 일단 조홍과 서황을 파견하지만, 그들은 마초의 용맹에 지고 만다. 그래서 자신이 대군을 이끌고 싸우러 가지만, 마초는 격하게 날뛰며 조조군을 산산조각을 낸다. 그 통에 조조는 쫓기다가 죽을 뻔 한다. 또한, 전쟁터의 땅은 모래스땝, 반사막로 되어 있었기 때문에 성을 만들어도 땅이 물러서 진지를 세우는데 조조를 당혹스럽게 만들었다.

가후(賈詡)의 반간지계(反間計)

운이 좋게도 진지를 세우는 문제는 루자백婁子伯이라는 인물의 조언으로 해결한다. 때마침 강한 북풍이 불고 있었기 때문에 모래로 만든 성 위에 물을 부으면 얼어 붙어서 훌륭한 성이 된 것이다. 그래도 마초군은 강했다. 그래서 가후가 생각해낸 것이 「반간지계」. 우선 한수에게 친밀하게 접근해 마초에게 의심을 품도록 유인한 뒤, 일부러 빈틈없이 까맣게 칠하거나 고쳐 쓴 편지를 전달해 마초의 눈에 띄도록 했다. 마초는 이 계획에 완전히 속아 결국 한수는 배신할 수 밖에 없었다. 이리하여 마초군은 패하고 그는 한중의 장로張魯에게 도망가게 된다.

미니지식 강족(羌族)

중국 주변에는 여러 이민족이 있어서, 각 시대마다 왕조들은 그들과의 관계를 두고 고민했다. 강족은 그 중에서도 중국의 북서쪽에 있어서 종종 양주에 침입하는 자들이었다. 은주시대(殷周時代)에 활약한 태공망(太公望; 강자아(羌子牙))은 강족 출신이라고 한다. 마등은 강족과 혼혈로, 마초도 그 피를 이어받았기 때문에 강족으로부터 신망이 두터웠다. 또한, 후에 촉나라를 혼자서 등에 지고 분투한 강유도 강족과 친분이 두터워 힘을 빌렸다고 한다.

3. 가후의 계략

골치가 아파진 조조는 마초를 물리치는 데에는 좋은 책략에 의지할 수 밖에 없다고 생각하여 가후의 조언을 얻어 「반간지계」를 준비한다. 한수에게 친밀하게 다가가, 눈에 잘 띄게 빈틈없이 까맣게 칠한 편지를 한수에게 보낼 것이 마초에게 발각되도록 한 것이다. 성격이 급한 마초는 화가 치밀어 곧장 한수를 배신하게 되고 눈 깜짝할 사이에 서량연합군은 붕괴된다. 마초는 한중으로부터 철수하고 한수는 조조에게 항복하게 된다.

1. 조조, 고전하다

다시 남쪽 토벌을 계획하는 조조는 나중에 탈이 없도록 하기 위해 서량의 마등을 불러들여 죽인다. 이에 분노한 마등의 아들 마초가 병사를 일으키자 조홍과 서황을 파견하지만 그들은 패하고 만다. 마초는 조조의 심장부인 장안까지 쳐들어간다. 위기를 느낀 조조는 자신이 출격하지만 역시 마초는 강했고, 마초는 자기 땅으로 잠시 후퇴하면서 조조군을 타격했고, 전쟁터가 모래로 되어 있어 진지를 만들기도 어려웠다. 하지만 마침 그곳을 지나던 현인의 가르침으로 모래에 물을 부어 얼리는 것으로 진지를 완성시켜 전쟁 상황은 바뀌게 된다.

2. 마초의 활약

아버지와 두명의 형을 잃은 마초는 혼자 살아남아 마대와 마등의 의형제였던 한수와 함께 조조를 공격하는데, 우선 장안을 함락시킨 뒤 병사를 데리고 나간다. 마초는 조조 휘하의 명장인 조홍과 서황을 도발해서 그들을 무찌르고 조조와 호각 이상의 전투를 벌인다. 일대일로 대결해 허저를 상대로 한 걸음도 물러서지 않는 등 「서량의 비단마초」라는 이름에 부끄럽지 않은 활약을 펼쳤다.

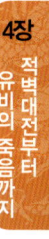

4장 적벽대전부터 유비의 죽음까지

三國志 117

AD214 서촉침공전(西蜀侵攻戰)
유비, 유장을 항복하게 하고 촉의 땅에 정권을 세우다

법정(法正)과 장송(張松), 유비를 익주에 초대하다.

촉나라의 유장은 한중의 장로의 협박에 시달리고 있었다. 그래서 유비를 불러 대신 싸워줄 것을 요청한다. 그러나 이것은 장송과 법정의 계략이었다. 장송은 유장이 가망이 없다고 생각해 유비에게 익주의 주인이 되어 달라고 할 생각이었다. 유비는 기꺼이 익주에 출진하여 유장과 만난다. 이때, 촉나라의 주인이 되어 달라고 부탁할 생각이었던 군사軍師인 방통龐統과 법정은 여기서 유장을 죽일 것을 조언한다. 하지만 어디까지나 의를 중요시 했던 유비는 결국 거절한다.

천하삼분지계, 이루어지다.

한편, 유비가 촉나라에 간 것을 좋은 기회라고 본 손권과 조조는 각각 책략을 세워 형주를 노린다. 궁지에 몰린 유비는 유장에게 지원을 요청하지만 지원을 보내온 것은 유비의 기대와는 거리가 멀었다. 유장의 신하 중에서도 유비에게 의심을 품은 신하들이 있어서 지원을 반대했던 것이다. 이것에 화가 난 유비는 이번에야말로 촉나라를 정말로 손에 넣겠다고 결심하고 부수관涪水關을 얻고 낙성을 공격해서 함락시킨다. 그 전에 한중의 장로와 목숨을 빼앗은 마초가 앞을 가로막았지만 지원군으로 온 제갈량의 책략에 의해 그도 유비를 섬기기로 한다. 성도成都까지 쫓긴 유장은 항복하고 결국 천하삼분지계의 제1단계가 이루어진다.

에피소드 낙봉파의 비극

낙성을 공격하려고 했을 때, 성을 공격하기 전에 방통의 말이 날뛰어 유비는 자신이 타는 백마와 그의 말을 바꾼다. 이것이 방통의 목숨을 앗아간다. 그가 유비와 헤어지고 길을 가고 있을 때, 지명을 묻자 여기는 낙봉파(落鳳坡; 봉황이 떨어져 죽다는 뜻)라는 대답을 듣는다. 봉추라는 별명을 가진 그에게 있어 이 지명은 불길하게 느껴져 후퇴할 것을 명령하자 화살이 집중적으로 날아와 방통은 사살당한다. 백마에 타고 있었기 때문에 그를 유비라고 착각한 자들에게 당한 것이다.

AD 215 한중(漢中) 침공전투
조조, 장로를 물리치고 한중을 점거하다

복완(伏完), 조조의 목숨을 노리다

당시 수도에서는 조조가 위왕魏王이 되어 머지않아 황제 자리를 노릴 것이라는 소문이 무성했다. 이 소문을 믿은 헌제는 복황후伏皇后의 아버지 복완에게 조조를 무찌를 것을 명령한다. 복완은 유비와 손권에게 각각 군대를 일으키도록 하여 그 틈에 수도는 헌제를 추종하는 자들이 일어나 조조를 무찌를 수 있을 것이라 생각했다. 그런데 그 계획을 헌제에게 전하고자 했던 자가 조조에게 잡혀 예전에 동승이 계획을 세웠을 때와 마찬가지로 반란계획은 일어나지도 못한 채 무산된다. 조조는 복완의 계획에 관계된 자들과 복황후를 처형하고 자신의 딸을 새로운 황후로 세운다.

조조, 장로를 물리치고 한중을 점거하다.
2번째 암살 계획도 실패하고 조조는 착실하게 세력을 넓혀간다.

그 무렵, 「조조가 위왕이 된 뒤, 황제 자리도 빼앗지 않겠는가」라는 소문이 돌았다
➡ 순유가 조조에게 조언을 한 뒤 병으로 죽었기 때문에 조조는 그것을 포기하고 있었다.

헌제는 소문을 믿고 드디어 자신의 목숨이 위험하다고 느낀다. 그래서 복황후는 아버지 복완에게 편지를 보내서 어떻게든 조조를 살해하자고 제안한다.

딸로부터 편지를 받은 복완은 조조를 무찌를 계획을 세운다.
손권과 유비에게 군사를 일으키도록 하고, 동시에 조정에서 헌제를 추종하는 자들이 일어서면 승산이 있다.

장로, 조조에게 항복하다

불만을 억압하고 있었던 조조는 유비나 손권을 정벌하기 위한 준비로 장로가 지배하는 한중을 공격하기로 한다. 그러나 마초의 부하였던 방덕龐德이 그의 앞을 막아선다. 그는 마초가 촉나라로 향했을 때 병으로 몸져 누워 따라가지 못했었다. 은혜를 갚기 위해 활약한 방덕이었지만 조조에게 회유당한 참모인 양송楊松에게 공격당해 항복한다. 그 뒤 장로 자신도 양송에게 배신을 당하게 되어 마지막에는 항복한다. 하지만 조조는 그가 창고를 태우지 않은 채 자물쇠를 채운 것을 높이 평가해 후하게 대우하고 오히려 주인을 배신한 양송을 처형한다.

미니지식 — 오두미도(五斗米道)란?

장릉(張陵)이라는 사람이 태상로군(太上老君)의 계시를 받고 시작했다고 알려진 종교집단. 오두미도라는 이름은 신도들에게 오두(五斗; 약 10리터)의 쌀을 기부하게 했다는 데에서 유래한다. 장각의 태평도와 함께 도교의 근원으로 여겨지는데, 현재에도 정일교(正一敎)라는 이름으로 바꿔서 존재한다. 장로는 장릉의 손자에 해당하는데, 그의 시대에 오두미도는 한에서 큰 세력을 가진 독립국과 같이 되어버렸다. 장로가 항복한 후에 조조가 그를 용서했기에 그후에도 신자로 불려나갔다.

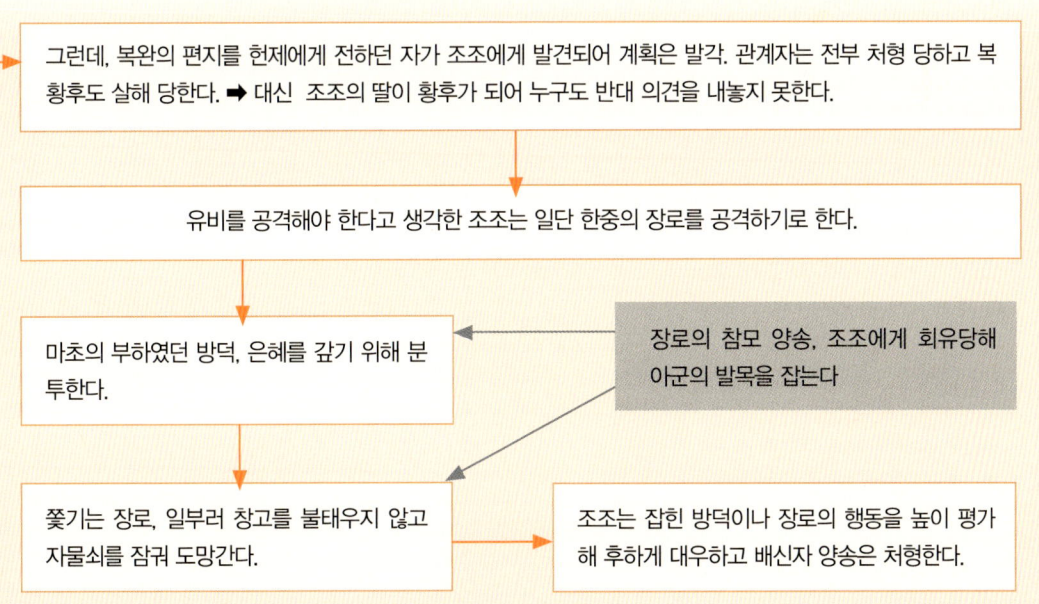

AD 217 조비, 조조의 후계자가 되다

위왕(魏王), 조조

장로의 한중을 점령한 조조는 그 후, 군사를 일으켜 북상한 손권과 합비合肥에서 싸운다. 그 전투는 잠시 지속되었으나 끝을 내지 못한 채 조조는 허도로 귀환한다.

이 때 조조는 위공魏公의 지위에 있었는데, 관료들이 협의해서「위왕」의 자리에 오르도록 한다. 곧 헌제로부터 조서도 받았지만 그는 일부러 그것을 세 번이나 거절한 뒤에야 그 작위를 받아들인다. 그 이후, 조조는 황제와 동일한 차車, 마馬, 의복衣服을 갖추었다. 조조는 자신이 황제가 될 생각은 없었지만 후대를 위한 준비를 한 것이다.

조조, 후계자를 두고 고민하다.

이 무렵 일어난 일이 조조의 후계자 문제다. 소실側室인 변씨卞氏가 남긴 4명의 아들 중, 조조는 셋째 아들인 조식曹植이 영리했으므로 늘 마음에 들어했다. 하지만, 장남 조비曹丕도 성실함을 어필

조비, 조조의 후계자가 되다

조조는 위왕으로 승격하고, 조비를 후계자로 삼아 황제의 자리를 위협한다.

조조, 한중을 거점으로 촉나라를 노리다.

➡ 제갈량, 손권에게 형주의 3개의 군을 양도하는 것을 대신해 합비(合肥)를 공격하게 하여, 한중에 있는 조조의 세력을 허술하게 하는 계획을 세운다.

요청에 응해 합비에 출격한 손권과 조조는 싸우고, 결국 결판을 내지 못하여 화해하고 물러나기로 한다.

하고, 아버지의 측근을 매수하여 자신이 높이 평가받을 수 있도록 한다.

덕분에 조조는 어느 쪽을 후계자로 정할 지 매우 고민한다. 그래서 가후에게 상담하여, 그가「원소 부자와 유표 부자를 생각해 보았습니다」라고 대답한다. 이 두 부자는 함께 후계자 문제를 두고 장남이 선택되지 않았기 때문에 멸망했음을 뜻하는 것이었다. 이리하여 조비가 조조의 후계자가 된다.

에피소드 — 조식의 칠보지시(七步之詩)

조비는 후에 조조의 뒤를 이어 왕이 된 후 조식의 측근을 전부 죽여버린다. 게다가 조식도 죽이려고 하지만 어머니의 부탁으로 그의 시(詩)적 재능을 시험해보기로 한다. 뛰어나다고 이름난 조식의 문예적 재능이 진짜라면, 일곱걸음을 걸을 동안 시문을 지을 것을 명령한다. 하지만 조식은 이 어려운 문제에 훌륭하게 답한다. 게다가 계속해서「소리에 응해 한수(一首)를 만들라」는 과제에도 콩과 콩깍지를 형제에 비유한 훌륭한 시를 만들어 보인다. 이것에 조비도 마음을 움직여 처형하지 않기로 한다.

수도로 귀환한 조조, 일부러 세 번을 거절하고 사퇴한 뒤에 위왕에 오른다.
➡ 이후, 복장이나 수레 등은 황제와 같은 것을 사용한다.

⬇

이 때, 후계자를 정하는 문제를 두고 조조는 고민하게 된다.

장남 조비	삼남 조식
일부러 말을 아껴 성실함을 어필. 또 조조의 측근을 매수해 자신의 평판을 높인다.	총명하고 문예에도 우수해 말이 나오면 그대로 아름다운 글을 지었다. 조조가 마음에 들어한 아들.

⬇

고민 끝에 가후의 조언에 따라 조비로 결정한다.
➡ 가후 : 원소도 유표도 장남을 후계자로 세우지 않아 멸망했다.

AD 219 유비, 한중에 침공해 한중왕(漢中王)을 칭하다

한중전투(漢中戰)

조조는 유비가 한중을 노리고 장비와 마초를 시켜 군대를 움직이고 있는 것을 파악하고 그곳을 지키고 있는 장합과 하후연에 가세해, 조홍에게 50만 병사를 데리고 지원 갈 것을 명령한다. 하지만, 술을 마시고 방심한 척한 장비의 책략과 일부러 진 척해 상대를 유인한 황충의 계략에 빠져 조조의 하후연은 싸움에 패하고 전사한다. 조조는 이때 지원군으로 한에 와 있었기 때문에 참모관인 하후연의 죽음에 매우 분노한다. 하지만 조운 조자룡과 황충의 활약, 그리고 조조의 의심 많은 성격을 이용한 제갈량의 지략에 패배하고 물러간다. 이리하여 한중은 유비가 점령하게 된다.

한중왕 유비

이리하여 유비가 한중, 익주, 형주를 지배하게 되자 장군들은 유비를 황제로 세우려고 한다. 제갈량이 대표가 되어 유비에게 즉위를 권했지만, 자신은 어디까지나 한왕조의 신하라고 생각해 그는 고개를 내젓는다. 유비의 목적은 한나라를 다시 일으켜 세우는 것이지 손에 넣어 새롭게 바꾸는 것이 아니었기 때문이다. 제갈량은 일단 한중왕이 될 것을 제안한다. 유비도 이것만은 거절하지 않았고 한중왕을 칭하게 된다. 덧붙여, 후에 그 유명한 관우, 장비, 조운, 마초, 황충의 오호대장 五虎大將, 오호장군 五虎將軍은 이 때 임명된 것이다.

미니지식
계륵의 일화

조조가 한중에서 물러나기 직전의 일이다. 조조는 공격하려고 해도 공격하지 못한 채 진퇴양난에 빠져 있었다. 그때, 식사로 나온 국에 들어간 계륵(닭의 갈비뼈)을 보고 느낀 것이 있었다. 그 때 밤에 암호를 물으러 하후돈이 왔기 때문에 조조는 무의식 중에 「계륵」이라고 대답한다. 이것을 들은 눈치빠른 문관 양수가 조조의 의도를 파악하고 전쟁에서 물러날 준비를 한다. 마음을 들킨 조조는 그렇지 않아도 평소에 양수의 총명함을 싫어하던 차에 이것을 빌미로 그를 처형해 버린다. 머리가 너무 좋아도 좋지만은 않고 너무 앞서지 말라는 일화이다.

AD 219 한중전투 | 활약한 주요 인물

활의 명수
하후연(夏侯淵)

생몰(生沒)	생몰 162 ~ 219
자(文名)	묘재(妙才)
출생지(生誕)	불명(不明)

조조의 인척으로 조조가 처음 군사를 일으킬 때부터 함께 싸워온 참모장군. 활을 쏘는 실력이 출중해 이미 표적에 맞은 4발의 화살들의 중앙을 맞춘다는 실력의 소유자. 조조가 장로를 무찌른 뒤에는 한중을 장합과 함께 지키고 있었지만 유비에게 공격당한다. 이때, 황충에게 죽임을 당한다.

한중의 교주
장로(張魯)

생몰(生沒)	?
자(文名)	공기(公祺)
출생지(生誕)	예주패국풍현(豫州沛國豊縣)

한중의 오두미도 교주. 조조의 공격을 두려워 해 어머니와 동생들과 원수이기도 한 유장의 익주를 빼앗기 위해 세력을 키우려고 한다. 하지만, 익주는 유비가 손에 넣었고 장로는 부하의 배신으로 조조에게 패한다. 패하고 도망갈 때의 행동을 조조가 높이 평가했기 때문에 항복 후에는 정중한 대접을 받았다.

이름난 용병
장합(張郃)

생몰(生沒)	? ~ 231
자(文名)	준예(儁乂)
출생지(生誕)	기주하간군막(冀州河間郡鄚)

관도전투에 원소의 부하로 참가해, 조조의 진지를 공격하지만 실패한다. 돌아오는 길에, 원소가 간사한 참모의 말만 믿고 자신들을 죽이려고 한다는 것을 눈치채고 탄식하며 조조에게 간다. 이후에는 위나라의 장군으로 활약하는데 한중전투에서 황충에게 진다. 제갈량의 북벌에 조진이나 사마의 등과 함께 몇 번이고 싸운다. 하지만 결국에는 제갈량의 함정에 걸려 활과 돌을 머리에 맞고 죽는다.

나이가 들수록 무공이 왕성해지다
황충(黃忠)

생몰(生沒)	? ~ 220
자(文名)	한승(漢升)
출생지(生誕)	형주남양군(荊州南陽郡)

젊은이가 부끄러울 정도로 전투에 능한 노장이자 활의 명인, 그리고 오호장군 중 한 명. 장사(長沙)의 관리 한현(韓玄)의 부하였지만 유비가 형주남부를 점령했을 때 부하가 된다. 한중을 공격할 때는 같은 노장인 엄안과 콤비를 이뤄 대활약, 장합을 물리치고 하후연을 죽인다. 후에 이릉전투에서도 유비의 「노인이 나서봤자 소용없다」라는 말에 분노해 싸우다가 활에 맞아 죽는다. 다만, 실제 역사에서는 이 일이 일어나기 이전에 병으로 죽는다(220년은 실제 역사에서 황충이 죽은 해).

AD 219 형주쟁탈전 관우, 손권의 배신에 의해 죽다

위나라와 오나라의 동맹

유비가 한중왕이 된 것에 매우 분노한 조조는 손권에게 동맹을 제안한다. 손권은 조조가 보낸 사자를 환영하는 한편으로 관우의 딸과 자신의 아들의 혼인을 제안한다. 이 혼담이 성사되면 조조와 싸워야겠다고 생각했기 때문이다. 그런데 관우가 「호랑이의 딸을 개의 아들에게 줄 것 같냐」고 대답해, 이로 인해 위나라와 오나라의 동맹이 결성된다. 일단 위나라의 조인이 공습 준비를 했기 때문에 관우는 선수를 쳐서 번성樊成을 공격한다. 원래 마초의 부하였고 지금은 조조를 따르는 방덕龐德이 필사적으로 싸웠기 때문에 관우는 물로 공격하여 그들을 물리쳤으나 성은 좀처럼 함락시킬 수 없었다. 방덕은 출전할 때 관을 하나 가져갔다. 그것은 관우를 죽이지 못하면 자기가 들어갈 관이라 했다. 그만큼 방덕은 투혼을 불살랐다. 하지만 그도 관우의 청룡언월도 아래 쓰러졌다.

관우의 죽음

이때, 오나라의 여몽呂蒙도 형주를 노리고 있었다. 관우도 그를 경계하고 수비를 강화하고 있었지만, 꾀병으로 직무를 게을리한 여몽 대신 육손이 자신을 낮추고 관우를 높여주자 관우가 방심하여 형주의 병사를 줄인다. 그런데 이것이 오나라의 책략이었다. 이 틈을 노린 여몽에 의해 형주는 점령당한다. 이것은 형주가 위태로울 동안 방관한 촉나라에도 문제가 있어 보인다.

한편, 조인에게는 지원군으로 서황이 나타나 부상을 입은 관우를 무찌른다. 여기에서 형주를 빼앗긴 것을 안 관우는 다시 형주를 빼앗아 올 것을 계획하지만, 여몽에게 지고 포로가 된다. 손권은 그에게 목숨만은 살려주겠다고 시험해보지만 관우는 단박에 거절하고 죽음을 자처한다.

에피소드 관우의 상처

관우는 번성에서 방덕과 싸울 때 왼쪽 팔에 활을 맞고, 오른쪽 팔에 조인이 쏜 독화살을 맞았다. 독에 의해 팔을 완전히 쓸 수 없게 되어 움직이는 것조차 어려웠다고 한다. 그때 나타난 것이 명의로 알려진 화타다. 그는 한 눈에 투구꽃 독이라는 것을 알아채고 뼈를 깎아 치료를 한다. 그 뼈 깎는 소리에 모두의 안색이 변했지만, 관우는 아무렇지도 않게 술을 마시며 마량과 태연히 바둑을 두고, 농담까지 하는 모습을 보였다. 이 모습에 화타도 감탄하여 돈도 받지 않은 채 물러갔다.

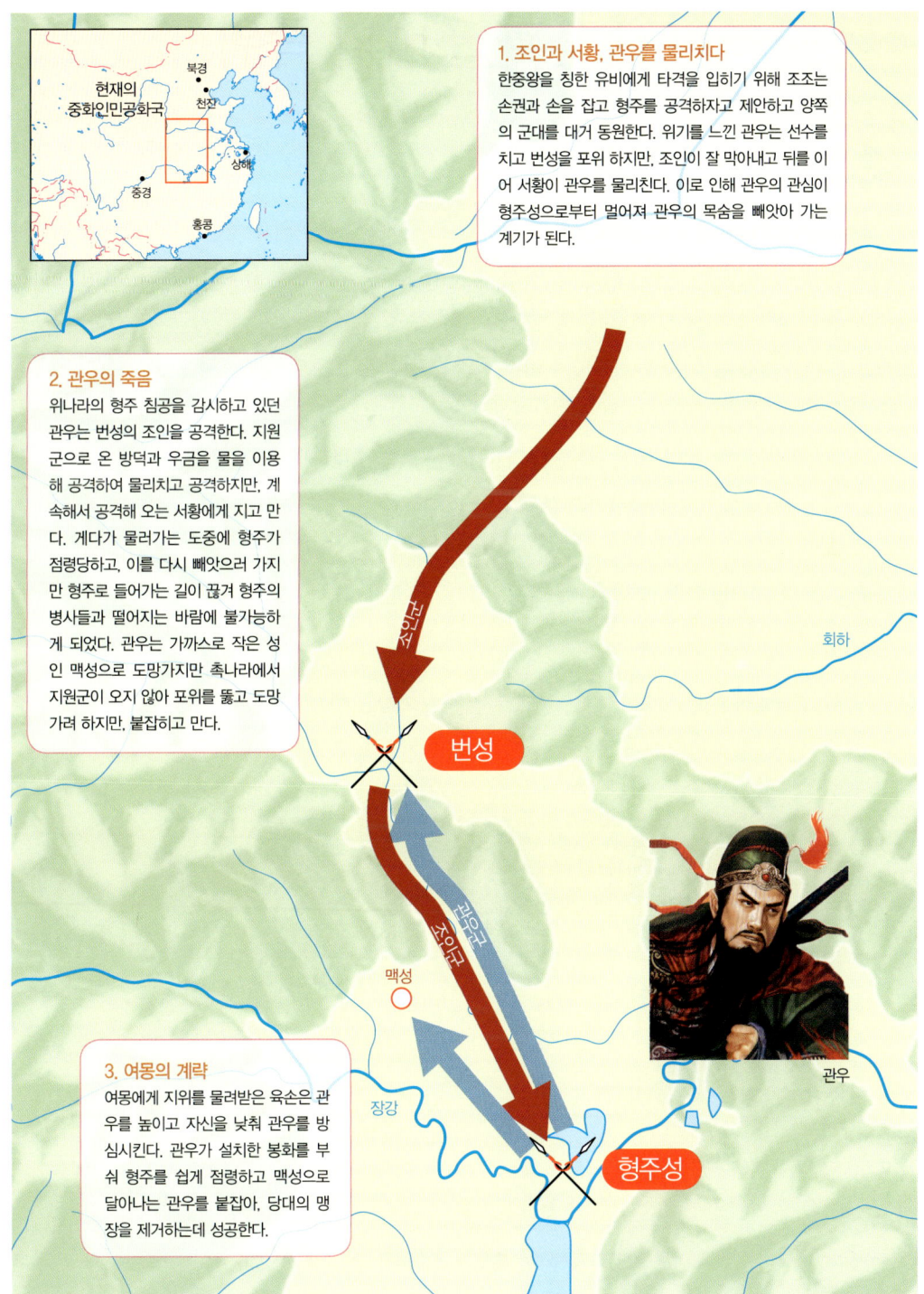

1. 조인과 서황, 관우를 물리치다
한중왕을 칭한 유비에게 타격을 입히기 위해 조조는 손권과 손을 잡고 형주를 공격하자고 제안하고 양쪽의 군대를 대거 동원한다. 위기를 느낀 관우는 선수를 치고 번성을 포위 하지만, 조인이 잘 막아내고 뒤를 이어 서황이 관우를 물리친다. 이로 인해 관우의 관심이 형주성으로부터 멀어져 관우의 목숨을 빼앗아 가는 계기가 된다.

2. 관우의 죽음
위나라의 형주 침공을 감시하고 있던 관우는 번성의 조인을 공격한다. 지원군으로 온 방덕과 우금을 물을 이용해 공격하여 물리치고 공격하지만, 계속해서 공격해 오는 서황에게 지고 만다. 게다가 물러가는 도중에 형주가 점령당하고, 이를 다시 빼앗으러 가지만 형주로 들어가는 길이 끊겨 형주의 병사들과 떨어지는 바람에 불가능하게 되었다. 관우는 가까스로 작은 성인 맥성으로 도망가지만 촉나라에서 지원군이 오지 않아 포위를 뚫고 도망가려 하지만, 붙잡히고 만다.

3. 여몽의 계략
여몽에게 지위를 물려받은 육손은 관우를 높이고 자신을 낮춰 관우를 방심시킨다. 관우가 설치한 봉화를 부숴 형주를 쉽게 점령하고 맥성으로 달아나는 관우를 붙잡아, 당대의 맹장을 제거하는데 성공한다.

AD 220 조조의 죽음과 조비의 즉위

조조, 죽다

관우는 처형당한 뒤에도 그의 혼령이 날뛰었다. 연회에서 관우의 환영을 보고 여몽이 미쳐서 죽었다는 것에 두려움을 느낀 손권은 유비와 장비의 분노를 조조에게 돌리기 위해 관우의 머리가 든 상자를 조조에게 보낸다. 조조가 그 상자를 열자 눈을 부릅뜬 채로 머리카락과 수염이 거꾸로 세워진 관우의 목이 들어 있었기 때문에 놀란 조조는 기절한다. 그래서 조조는 관우를 위해 왕후王侯의식을 드리고 형왕荊王이라는 지위를 수여한다.

그 이후로 조조가 잠이 들 때마다 관우의 험악한 모습이 나타나 조조는 완전히 쇠약해지고 만다. 하늘의 뜻을 깨달은 그는 다시 조비를 후계자로 정하고 곧 세상을 떠난다.

조비, 헌제에게 황제를 물려줄 것을 강요하다

조비는 아버지의 뒤를 이어 위왕魏王이 되자마자 헌제에게 황제의 지위를 물려줄 것을 강요한다. 무장한 병사들에게 둘러 쌓인 황제는 모든 것을 포기하고 황제 자리를 물려 주는 조서를 써 주

조조의 죽음과 조비의 즉위
관우는 죽은 뒤에도 용맹함을 떨쳤고, 조조의 죽음의 계기가 된다

오나라에서의 조짐
어느날 여몽이 연회에서 「내가 누구인지 알겠느냐!」라고 외치며 온몸에서 피를 흘리며 죽는다.
➡ 유비와 장비의 분노를 두려워 하여 관우의 목을 위나라의 조조에게 보낸다.

위나라에서의 조짐
조조가 도착한 관우의 머리를 보고 인사하자 눈과 입이 벌어지고, 머리카락과 수염이 거꾸로 섰다
➡ 조조는 매일 밤 눈을 감으면 관우의 모습을 보게 되고 괴로워 했다.

이후, 조조의 주변에는 흉조가 계속해서 나타나게 되었다.

지만, 조비는 일부러 세 번 거절한 뒤에 황제 자리를 물려 받는다. 이것은 아버지 조조가 위왕이 됐을 때와 마찬가지로, 어디까지나 형식적인 행동에 지나지 않았다.

이제 위조魏朝가 탄생하고 한왕조는 결국 멸망하게 되었다. 헌제는 살해당하지 않았지만 산양공山陽公으로 지위가 낮아져, 눈물을 흘리며 말을 타고 수도를 떠났다고 한다. 황제가 된 조비는 낙양으로 수도를 옮기고 다시 아버지에게 무제武帝라는 이름을 붙여준다. 그의 아버지 조조는 살아있는 동안 한번도 황제를 찬탈하지 않았지만 조비는 달랐던 것이다.

에피소드
조조의 죽음에 얽힌 이야기

『삼국지연의』에서는 조조가 죽기 전에 여러 가지 흉조가 있었다고 한다. 관우의 머리가 든 상자 이야기 외에도 신령한 나무인 배나무를 베어내자 거기서 피가 솟구쳐 나무의 신에게 노여움을 사 두통에 시달리게 되거나, 「머리가 세 개 달린 말이 하나의 구유(槽; 그릇)로 여물을 먹는」 꿈을 꾸는 등. 이 꿈은 후에 위나라로 쳐들어가는 사마의(司馬懿), 사마사(司馬師), 사마소(司馬昭) 3인이 통(관청)의 녹봉을 축내는 것을 의미했다. 게다가 이제까지 죽여온 사람들이 피투성이가 되어 나타나 조조는 자신의 죽음이 멀지 않았음을 깨달았다.

※ 정사에서는 원래 조조에게는 편두통이 있어 때때로 이것에 몹시 시달렸다고 기록되어 있다. 결국은 그것으로 죽었다고 기록한다.

새로운 궁전을 만들려고 신령한 나무를 베었는데, 나무에서 피를 흘리고 신령의 노여움을 산다.
명의 화타가 머리 절개수술을 권하자 자기를 죽이려고 하는 줄 알고 화가 나서 화타를 죽여버린다.
후에 진왕조(晉王朝)를 암시하는 꿈을 꾸지만, 눈치 채지 못한다.
복황후를 시작으로 지금까지 죽인 사람들의 모습을 본다.

결국 죽음을 예감한 조조, 유언을 남기고 세상을 떠난다.

조비, 아버지의 뒤를 이어 위왕이 되자 헌제에게 자리를 물려 줄 것을 강요한다.
➡ 조비가 헌제로부터 황제 자리를 위임받고 태조 유방이래 200여년을 이어온 한제국은 멸망하고 그 자리에 위왕조(魏王朝)가 탄생한다.

AD221 유비도 황제의 자리에 오르지만 장비를 잃다

촉왕조(蜀王朝)의 탄생

조비가 황제 자리를 빼앗은 끝에 위나라를 건국했다는 정보는 촉나라에게도 전해진다. 하지만 사실과는 다르게 헌제가 살해 당했다고 소문이 퍼졌기 때문에 유비는 매우 분노하며 애통해 했다.

후한이 멸망했기 때문에 제갈량은 드디어 유비가 황제가 될 때라고 말하고, 의인인 유비도 여러 번 거절하지만 결국 황제가 되기로 한다. 이렇게 해서 촉왕조_{원래는 한(漢)이기 때문에 촉한(蜀漢)이라고도 한다}가 탄생했다. 하지만 황제가 된 유비가 우선 선언한 것은 한나라를 멸망시킨 위나라를 공격하는 것이 아니라 의형제 관우를 죽인 오나라에 쳐들어 가는 것이었다.

장비의 죽음

이에 놀란 조운과 제갈량은 각자 「위나라야말로 국적國賊이고, 일단 그 쪽을 공격해야 한다」고 조언한다. 그 설득으로 유비가 납득하려던 참에 장비가 나타나 도원결의를 거론하며, 관우의 원수

유비, 황제의 자리에 오르지만 장비를 잃는다
한나라의 멸망을 인정한 유비가 황제가 되지만 그 후에 장비가 죽는다.

| 조비가 헌제를 죽이고 황제 자리를 빼앗았다는 소문이 촉나라에 퍼진다 (사실은 잘못된 정보). | → | **유비, 황제가 되다.**
↓
한왕조의 복구
후한(後漢)과 구별하기 위해 촉한(蜀漢) 혹은 촉(蜀)이라고 부른다. | ← | 제갈량은 유비에게 즉위할 것을 권하고, 유비가 계속 거부하자 조정에 나오지도 않고 병에 걸린 척까지 한다. |

↓

유비는 즉위함과 동시에 오나라를 공격해 관우의 원수를 갚겠다고 선언

를 갚아야 한다고 주장해 일이 허사가 되었다. 결국 유비는 정에 이끌려 오나라를 공격하기로 결단하고, 장비는 곧바로 군사를 정비해 원수를 갚으러 가지만 여기에서 그의 나쁜 버릇이 발목을 잡는다. 부하에게 생트집을 잡아 학대하는 바람에 원한을 사, 술에 취해 자고 있는 사이에 살해 당하고 만 것이다.

미니지식

① 소문의 이유?

촉나라를 세운 유비가 황제가 된 것은 헌제가 조비에게 살해 당했다는 소문 때문이었다. 거꾸로 말하면 한왕조의 복구를 대의명분으로 싸워 온 유비가 황제의 자리에 앉으려면 이것 외에 명분이 없었다. 한나라가 아직 남아있을 때, 혹은 헌제가 살아있을 때 그가 황제가 된다면, 그것은 신하가 황제의 자리를 빼앗은 것이 된다. 그렇기 때문에 이 소문은 사실은 조작되었거나 허위 정보를 유포하여 유비가 황제에 즉위토록 한 것이라는 설이 있다.

② 위나라 대신 오나라를 치다.

냉정을 잃은 유비는 관우의 복수에만 몰입했었다. 제갈량을 비롯한 중신들이 이를 만류할 때, 장비가 나타나 냉정을 찾으려는 유비의 감성을 자극한다. 그 와중에 장비마저 허무하게 죽자, 더욱 비통에 잠긴 유비는 앞뒤 안가리고 출진을 서둘러 오나라의 육손에게 대패하고 만다. 통치자는 감성보다는 냉철한 판단력을 필요로 한다는 교훈이 여기서도 나타난다.

| 조운과 제갈량은 각각 「적은 손권이 아니라 조비다」라고 설득한다. | 장비는 피눈물을 흘리며 관우의 죽음을 탄식하고, 도원결의를 거론하며 유비에게 원수를 갚을 것을 요청한다. |

↓

유비는 제갈량의 설득에 마음이 움직이지만, 결국 장비의 눈물에 오나라를 공격하기로 결심한다

↓

유비의 결심에 기뻐하는 장비, 자신의 부하에게 모든 병사들이 5일 안에 흰 옷차림을 하도록 명령
➡ 말리는 2명의 장군(범강, 장달)을 채찍으로 때리고, 명령에 따르지 않으면 처형하겠다고 으름장

↓

| 장비가 노여워하는 것을 두려워한 장수들은 그를 죽이고 그의 목을 가지고 오나라로 달아난다. | → | 이리하여 유비는 의형제를 모두 잃고 만다 |

AD 222 이릉(夷陵)전투와 유비의 서거(逝去)

이릉전투

관우와 장비가 죽고 유비는 결국 분노해 오나라를 공격한다. 관흥, 장포의 활약으로 오나라가 열세에 놓여있던 중 새로운 통솔자로 군대를 이끈 것이 육손이다. 그는 유비의 도발과 부하의 불만을 받아들이면서 전투를 장기전으로 끌고 간다. 이때, 유비는 이릉성을 공격하고 있었고, 700리에 달하는 40여 개의 진영을 치고 있었다. 하지만 그것이 이미 육손이 생각하는 유비의 약점이었다. 고원이나 습지에 친 긴 진영은 연락을 취하기가 어려웠고 불로 공격하면 진영을 한 번에 불태울 수 있었기 때문이었다.

유비의 죽음

화공으로 절대절명의 위기에 처한 유비였지만, 하마터면 위험할 뻔한 순간에 조운이 지원군을 데리고 와 목숨을 구한다. 백제성白帝城으로 도망간 유비는 머지않아 병으로 쓰러진다. 그때 나타난 관우와 장비의 영혼이 「머지않아 세 형제가 다시 만나겠지요」라고 말해 자신의 죽음을 예감하고 제갈량을 부른다. 유비가 「유선劉禪이 보좌할 가치가 있는 인물이라면 그를 섬기고, 그렇지 않으면 너가 성도成都의 주인이 되는 것이 좋겠다」고 말하자 제갈량은 울면서 「목숨을 버리고서라도 충성과 의리를 다하겠습니다」라고 대답한다. 유비는 죽는 순간까지 특유의 은유법으로 제갈량을 떠본다. 유비가 죽은 후에 유선이 촉나라의 2대 황제로 즉위한다.

> **미니지식**
>
> **실제 역사에서의 이릉전투**
>
> 이 전투의 전개는 실제 역사에서도 『연의』와 별반 다르지 않다. 유비는 관우의 원수를 갚기 위해 병사를 일으키고, 장비는 출정하기 전에 부하에게 살해당하며, 육손에 의해 촉나라군은 이릉에서 대패한다. 다른 점은 이 전투에 참가한 촉나라군의 장수들이다. 『연의』에서는 관흥, 장포라는 관우와 장비의 아들들이 주로 활약하지만 이것은 만들어진 이야기이다. 또한 나이든 몸으로 채찍을 휘두르며 마지막까지 전투에 참가했다가 이 전투에서 목숨을 잃었다는 황충도 실제로는 참가하지 않았다.

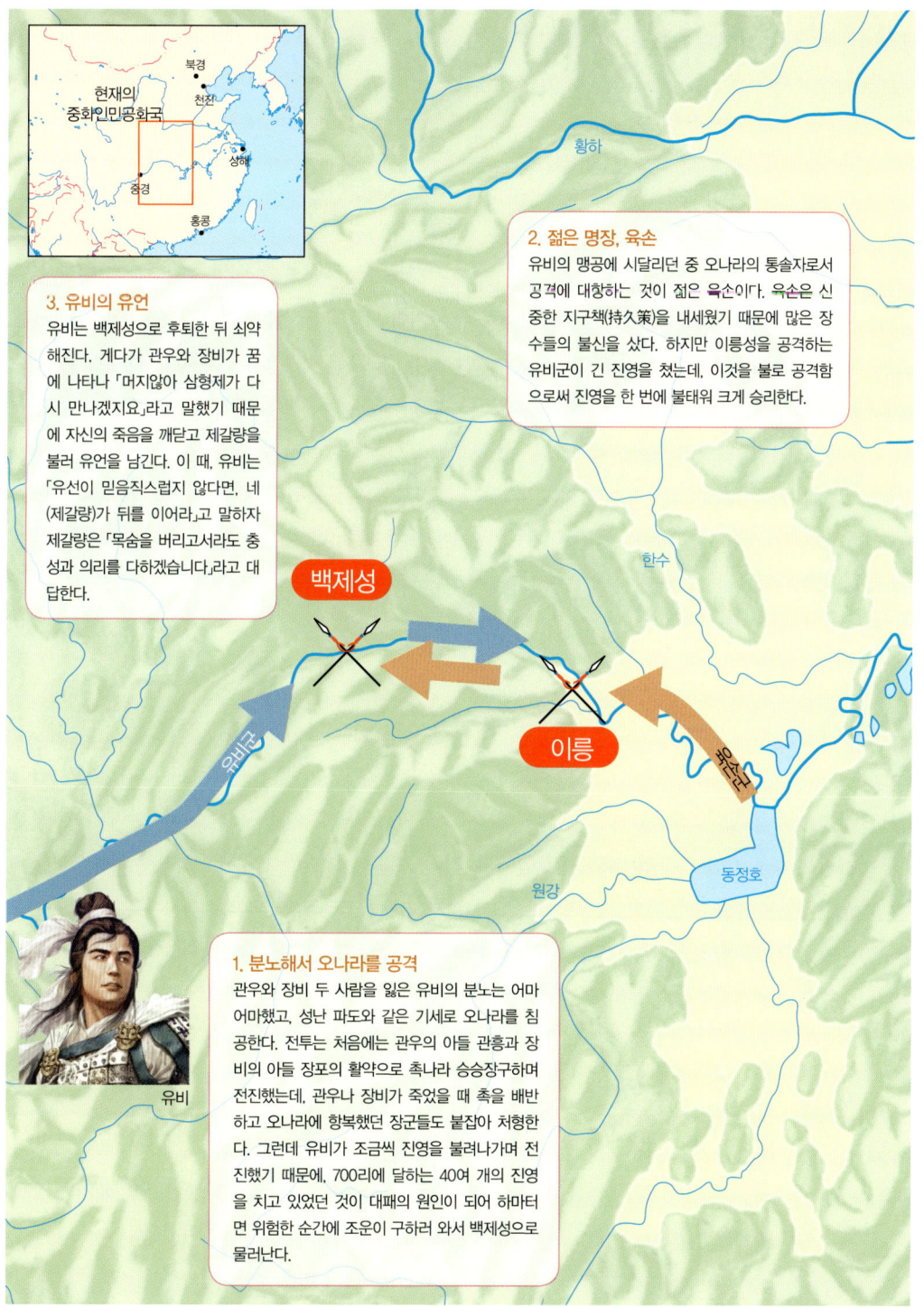

3. 유비의 유언

유비는 백제성으로 후퇴한 뒤 쇠약해진다. 게다가 관우와 장비가 꿈에 나타나 「머지않아 삼형제가 다시 만나겠지요」라고 말했기 때문에 자신의 죽음을 깨닫고 제갈량을 불러 유언을 남긴다. 이 때, 유비는 「유선이 믿음직스럽지 않다면, 네(제갈량)가 뒤를 이어라」고 말하자 제갈량은 「목숨을 버리고서라도 충성과 의리를 다하겠습니다」라고 대답한다.

2. 젊은 명장, 육손

유비의 맹공에 시달리던 중 오나라의 통솔자로서 공격에 대항하는 것이 젊은 육손이다. 육손은 신중한 지구책(持久策)을 내세웠기 때문에 많은 장수들의 불신을 샀다. 하지만 이릉성을 공격하는 유비군이 긴 진영을 쳤는데, 이것을 불로 공격함으로써 진영을 한 번에 불태워 크게 승리한다.

1. 분노해서 오나라를 공격

관우와 장비 두 사람을 잃은 유비의 분노는 어마어마했고, 성난 파도와 같은 기세로 오나라를 침공한다. 전투는 처음에는 관우의 아들 관흥과 장비의 아들 장포의 활약으로 촉나라 승승장구하며 전진했는데, 관우나 장비가 죽었을 때 촉을 배반하고 오나라에 항복했던 장군들도 붙잡아 처형한다. 그런데 유비가 조금씩 진영을 불려나가며 전진했기 때문에, 700리에 달하는 40여 개의 진영을 치고 있었던 것이 대패의 원인이 되어 하마터면 위험한 순간에 조운이 구하러 와서 백제성으로 물러난다.

4장 적벽대전부터 유비의 죽음까지

三國志 135

군대의 계급

삼국지의 매력은 어디에 있을까?

개성있는 영웅들이 펼치는 휴먼 드라마와 같고 장대한 스케일로 역사가 움직여가는 것을 목격하는 재미도 있다. 곳곳에 숨어있는 기묘하고 불가사의한 이야기도 옛날 이야기 같은 재미가 있다. 하지만, 역시 혼란스러운 격동의 시대를 그린 이야기이기 때문에 전쟁 장면을 빼고 이야기 할 수는 없다. 그것을 읽을 때 알아두면 보다 즐거운 것이 군인의 계급, 장군의 계급이다.

호족이나 관리의 지위를 설명할 때도 다뤘지만, 군사軍事를 다루는 관료 중 가장 높은 것이 대장군. 다만 항상 존재하는 직책은 아니었기 때문에, 통상 가장 높은 것은 그 아래 있는 삼공三公 중에서도 군사를 담당하는 태위太尉였다. 영웅들의 대부분은 전쟁 중에 자신의 세력을 확립했기 때문에 그들은 역시 대장군을 목표로 하고 있었다.

이어서 여러 장군들을 소개하겠다.

기병대騎兵隊를 지휘하는 표기장군驃騎將軍, 그보다 한 단계 아래 지위인 차기장군車騎將軍, 방위 쪽에서 최고 사령관인 위장군衛將軍. 이것을 군사軍事 쪽의 삼공三公이라고 생각하면 이해하기 쉽다. 그 아래에는 무군장군撫軍將軍 사마가문 대대로 임명되었 등의 ○○대장군으로 부르는 지위가 있었다. 동서남북 사방에 공격군과 방위군이 있어서, 각각 장군이 있었다. 공격군의 장군은 정征○○장군, 진鎭○○장군이라고 불렸고 그 군대를 지휘하는 장군은 특히 정征○○대장군, 진鎭○○대장군이라고 불렸다. 이○○에 동서남북 중 하나가 들어갔다. 그들은 때때로 군주 대신에 원정군을 통솔했기 때문에 독자성이 강한 큰 권한을 가지고 있었다.

그들의 아래에서 실제로 야전에서 군대를 지휘한 장군으로 전장군前將軍, 후장군後將軍, 좌장군左將軍, 우장군右將軍이 있다. 이 네 개의 이름은 필요에 의해 쓰이는 갖가지 장군의 이름 중 하나로, 하위장군으로서 잡호장군雜號將軍이라고 일컬어졌다. 덧붙여, 또 하나의 삼국지의 꽃이라고 하는 군사軍師들도 전군사前軍師, 후군사後軍師, 좌군사左軍師, 우군사右軍師라고 되어 있다.

그럼, 실제로 삼국지의 장군들은 어떤 계급이었을까?

마지막으로 구체적인 인물의 예를 살펴보기로 하자. 북벌에서 제갈량과 싸워 완전히 조롱당한 조진은 대사마大司馬의 지위였다. 촉나라의 운명을 걸고 고독한 전투를 견딘 강유姜維나, 사마의司馬懿의 아들로 그 뒤를 이은 사마사司馬師는 대장군이 되었다.

그 뒤로 오호대장五虎大將의 마초는 표기장군驃騎將軍, 장비는 차기장군車騎將軍, 관우는 전장군前將軍, 황충은 후장군後將軍, 조운은 진동장군鎭東將軍의 지위를 가지고 있었다.

이러한 직책에 주목해서 읽는 것도 삼국지의 또 하나의 재미이다.

224년	조비, 다섯 방향과 다섯 방법으로 촉을 공격하지만 실패
	촉과 오, 동맹을 맺다
225년	제갈량, 남만정벌을 실행한다.
226년	조비가 병으로 죽고, 조예가 뒤를 잇는다.
227년	제갈량, 「출사표」를 써서 황제 유선에게 내다.
228년	제1차 북벌. 가정 전투에 실패하다.
	제2차 북벌. 진창을 포위했지만 함락시키지 못한다.
	제3차 북벌. 진창, 무도, 은평을 손에 넣다.
	손권, 황제가 된다.
230년	조진, 한중을 공격하지만 패한다.
231년	제4차 북벌. 거짓정보를 받아들여 물러난다.
234년	제5차 북벌. 오장원에서 사마의와 대진 중.
	제갈량이 병으로 죽고 촉나라 군대는 물러간다.
239년	조예가 병으로 죽고 4대째 조방이 뒤를 잇는다.
249년	물러나 있던 사마의가 쿠데타를 일으키고, 조상일파를
	멸망시켜 실권을 장악한다.
251년	사마의가 죽고 사마사가 뒤를 잇는다.
253년	오가 위를 공격하지만 실패한다.
	제갈각, 손준에게 살해된다.
254년	사마사, 조방을 퇴위시킨다.
255년	사마사가 죽고 사마소가 뒤를 잇는다.
263년	종회와 등애, 촉의 공격으로 멸망한다.
264년	강유, 종회와 함께 반란을 계획하지만 살해당한다.
265년	사마소가 병으로 죽고, 사마염이 뒤를 잇는다.
	사마염, 조환을 폐하고 진을 건국한다.
280년	진에 의해 오가 멸망하고 삼국시대가 끝난다.

5장

삼국(위·오·촉)은 신화속으로

AD 224 오·촉(吳蜀), 외교관계를 회복

조비, 오나라를 노리다

손권은 유비에게 공격당했을 때 위나라의 신하로서 따를 것을 약속하고 오왕吳王이라는 지위에 있었다. 하지만 조비는 오나라를 지원하지 않고 어부지리를 노릴 작정이었다. 예상했던 대로, 육손이 유비를 무찌른 뒤에 위나라는 오나라로 침공을 개시한다. 하지만, 육손은 이미 후퇴하는 유비의 추격을 중단하고, 오나라로 돌아와 위나라의 공격에 대항할 수 있었다. 그 이유 중 하나는 조비의 의도를 눈치 채고 있었기 때문이며, 또 다른 이유는 추격 중에 제갈량이 만든 「팔진의 석진八陣石陣」이라는 진陣에 빠져 헤매다가 죽을 뻔해서 추격을 멈추었기 때문이었다.

제갈량, 오나라에 등지(鄧芝)를 파견하다

결국 위나라와 오나라의 전투는 때마침 전염병으로 인해 중단된다. 그리고 오나라에서 병사를 데려온 조비는 이번에는 촉나라를 노려 움직이기 시작한다. 이때 그는 오나라와 다시 동맹을 맺어 촉을 공격하게 하는 것을 포함해 다섯 개의 통로로 진격 수단을 준비한다. 하지만 제갈량은 각각의

오·촉, 외교관계를 회복하다
촉과 오는 전략 요충지인 형주를 둘러싸고 대립하고 있었으나, 유비가 죽은 뒤 동맹을 맺는다

위나라
조비는 손권에게 오왕이라는 지위를 수여하지만 촉과 오 양쪽을 공격해 멸망시킬 속셈이었기 때문에 이릉전투에서 육손이 유비를 이기자 신하의 반대를 무시하고 곧바로 오나라를 공격한다.

오나라
육손은 조비의 목적을 파악하고 물러나는 유비를 추격할 때, 제갈량이 준비한 「석진팔진」이라는 진에서 헤매다가 물러났기 때문에 위나라군의 공격에 대항할 수 있었다.

전염병이 유행해서 위나라와 오나라의 전투가 중단되자, 조비는 촉나라로 공격 방향을 바꿔 5가지 수단으로 침공하지만, 제갈량은 그것을 모두 간파하고 정확한 대응수단을 준비한다

수단에 대항해 정확한 대항책을 가지고 있어 모조리 막아낸다. 특히, 천하삼분지계라는 제갈량의 전략에서 가장 중요한 존재인 오나라와의 관계에 관해서는 등지를 파견해 양국 간의 관계를 회복시킨다. 이리하여 오나라와 촉나라는 다시 위나라를 타도할 목적으로 동맹을 맺는 관계가 된다.

에피소드 ① 손권과 등지

손권은 유비가 죽은 뒤 촉나라의 힘을 의심하고 있었기 때문에 등지와의 회견 장소에 기름이 펄펄 끓어 오르는 항아리를 앞에 두고, 칼을 빼든 군사들을 줄지어 놓아 등지를 위압하려고 했다. 하지만 등지는 전혀 두려워하는 것 없이 당당하게 제갈량의 영지와 익주의 천연요새에 대해 말하고 촉나라과 오나라가 손을 잡으면 천하를 얻는 것도 2등분 하는 것도 가능하다고 말한다. 등지의 행동에 손권은 그를 매우 마음에 들어하여 오나라와 촉나라의 동맹이 이루어졌다.

② 제갈량의 팔진도(八陣圖)

유비의 대군이 육손에게 패하자, 공명은 이런 사건을 예견하고 예전에 서촉으로 들어갈 때 돌로 거대한 진(陣)을 만들었는데, 누군가 군사를 끌고 멋모르고 여기에 들어섰다가 휴(休)·생(生)·상(傷)·사(死)·경(景)·개(開)·경(驚)으로 불리는 미로같은 석진으로 한 번 들어가면 빠져 나올 수가 없는 함정이다. 육손이 바로 여기에 빠졌던 것이다. 헤매다가 굶어죽을 뻔한 육손을 구한 자가 공교롭게도 바로 공명의 장인 황승언(黃承彦)이었다.

조비의 다섯가지 작전	vs	제갈량의 대책
이민족 강족(羌族)을 움직이게 한다.	➡	강족의 두려움의 대상인 마초가 진압한다.
남만의 맹획에게 군사를 일으키게 한다.	➡	위연이 미끼를 놓는 작전으로 적을 혼란에 빠뜨린다.
항복한 촉나라의 장수 맹달에게 군대를 내보내게 한다.	➡	맹달의 친구 이엄을 파견한다.
위나라의 대장군, 조진이 촉나라의 본진을 공격한다.	➡	중요한 지점에 조운을 보내 방어한다.
손권과 다시 동맹을 맺는다.	➡	등지를 파견해, 손권을 설득시킨다.

제갈량은 모든 공격을 막아내고, 오나라와 촉나라는 다시 동맹을 맺기로 한다.

AD 225 남만(南蠻) 정벌전투

제갈량, 남쪽지방 정벌

3명의 태수들의 반란

남만현재의 중국의 남서부 운남성(雲南省)을 중심으로 미얀마 동북부에 달하는 광대한 지역왕인 맹획孟獲이 촉나라의 남부로 침공해 오자, 제갈량은 이것을 중대한 일로 보고 후환을 없애고자 남만을 정벌하기로 한다. 북벌해서 위나라를 무찌르는 것을 소원했던 그에게 있어서 위나라를 상대하는데 집중하기 위해 남만을 우선 안정시키는 것이 절대적으로 필요했다.

우선 처음에 공격한 것이 맹획의 반란에 가담했던 촉나라 남부의 3명의 군郡 태인 옹합雍闓, 고정高定, 주포朱褒였다. 여기에서 제갈량은 「이간질」하는 책략을 마련해 그들이 서로를 공격하도록 만들었다. 그리고 다른 두 명의 태수를 무찌르고 남은 고정에게 3개의 군郡을 맡긴다.

제갈량, 남쪽지방 정벌
위나라를 타도하기 위해 제갈량은 우선 남만부터 평정한다.

예전에 남만의 맹획이 촉나라에 침입했을 때 촉나라의 남쪽 국경태수인 옹합, 고정, 주포 3명이 맹획과 내통했었다.
➡ 제갈량은 그들을 정벌하기 위해 나선다.

남만의 위치

옹합, 고정, 주포를 이간질시켜, 고정에게 다른 두 사람을 물리치게 하고 3개의 군을 전부 고정에게 맡긴다.

남만인의 마음을 공략하다

드디어 남쪽 토벌군은 남만에 도착해 맹획과 다툰다. 남만 군사는 맹수(猛獸)를 부리며 칼, 활도 뚫지 못하는 갑옷 등갑(藤甲) ; 등나무 줄기로 엮은 갑옷과 방패, 그리고 특수한 기후와 지형 등을 이용해 촉나라의 군대와 싸웠지만, 제갈량의 지략으로 하나씩 공략해 간다.

맹획은 몇 번이나 싸움에서 지고 포로가 되지만 제갈량은 그 때마다 그를 풀어주고 절대 죽이지 않았다. 왜냐하면 제갈량은 남만을 공격하기 위해 온 것이 아니라 남만인의 마음을 공략하기 위해 왔기 때문이다. 잡히고 풀려난 것이 6번, 결국 7번째 붙잡혔을 때 맹획은 「두 번 다시 배반하지 않겠다」고 맹세한다. 제갈량은 남만인의 마음을 함락시킨 것이다.

 미니지식 만두의 유래

제갈량이 맹획을 복종시키고 촉나라로 돌아오는 길에 여수(濾水)라는 강이 범람해 건널 수 없게 되었다. 맹획은 관습에 따라 49명의 목숨을 바쳐 강을 잠잠하게 하자고 하지만, 제갈량은 「이 이상 피를 흘릴 필요는 없다」며 거절한다. 그리고 대신에 밀가루를 반죽하여 그 안에 소나 양고기를 넣어 사람의 형상을 한 것을 만들어 제물로 바쳤다. 제갈량은 이것을 「만두」라고 이름 붙였다. 그렇다, 이것이 만두의 유래가 된 것이다.

맹획과 싸우기 전에 상대의 마음을 굴복시키는 것에 신경을 쓰다.

맹획을 7번 붙잡다
- 1번째 : 맹획, 부하 3명의 무장과 함께 싸우지만 패배
- 2번째 : 부하의 배신으로 패배
- 3번째 : 동생을 일부러 항복시켜 내통하려고 했으나 패배
- 4번째 : 남만 각지로부터 병사를 모으지만 함정에 빠진다.
- 5번째 : 독샘이나 독가스가 끓어오르는 곳에 사는 타사대왕을 찾아가지만, 역으로 공명의 가짜 지원군을 맞아들여 붙잡힌다.
- 6번째 : 맹수와 요술을 부리는 목록대왕에게 힘을 빌리지만 제갈량이 나무로 만든 짐승(불을 뿜는 장치)에 놀라 패한다.
- 7번째 : 맹획, 칼도 화살도 뚫지 못하는 「등갑」을 입은 병사들을 데리고 있는 오과국의 올돌골에게 지원군을 요청하지만, 공명의 화공으로 불에 타서 전멸한다.

7번 진 맹획, 결국 굴복하고 이후 촉나라의 신하가 된다.

무기해설
후한시대의 무기류 ❹

특이한 종류의 무기, 도구

이미 설명한 것과 같이 『연의』에는, 실제 삼국시대에는 등장하지 않았던 무기가 많이 등장하지만, 그 중에는 『연의』가 씌어진 시대에도 보기 어려웠던 특이한 종류의 무기도 조금 있었다. 여기에서는 그런 특이한 무기 3종류와 천재군사天才軍師인 동시에 발명가로도 유명한 제갈량이 발명한 2종류의 도구를 소개하겠다.

목우(木牛), 유마(流馬)

제갈량의 발명품으로 무기는 아니다. 거듭되는 북벌 전쟁 중에 물자 부족으로 고민하던 제갈량이 운송을 위해 만든 도구이다. 험한 길에서도 편하게 물건을 운반할 수 있는 데다가, 스위치(『연의』에는 혀를 비튼다고 한다) 하나로 고정할 수 있었다. 모양새를 두고 여러 가지 설이 있지만 여기에서 목우는 사륜차, 유마는 이륜차로 그림으로 표현했다.

목우

유마

비차(飛叉)

던져서 쓰는 철제 무기. 그림에 표시한 것은 줄이 연결되어 있지만 그렇지 않은 것도 있었다고 한다. 원래는 어부가 사용하는 도구에서 발전한 것으로 『연의』에서는 조운과 싸운 진응(陳應)이라는 장수가 사용했는데 어이없게도 조운에게 패배한다.

연노(連弩)

원융노(元戎弩)라고도 불리우는 제갈량의 발명품. 보통 노가 한 번에 화살을 한 개 밖에 쏘지 못하는 것에 비해, 연노는 한 번에 10개의 활을 쏠 수 있었다고 한다. 제갈량에게 이 무기를 부탁받은 강유는 활에 독을 발라 그 위력을 증가시켰다고 한다.
연노라는 똑같은 이름을 가진 무기로, 연속해서 활을 쏠 수 있는 휴대용 무기도 있다.

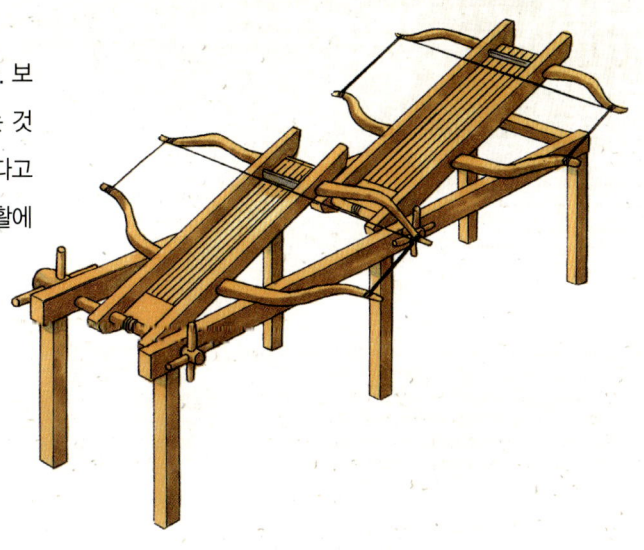

비도(飛刀)

이름대로, 던져서 상대를 맞추는 단도(短刀). 원래 곡예를 할 때 쓰이는 종류의 하나로 단도를 던지는 재주가 있었는데, 거기에서 발전한 것으로 여겨진다. 『연의』에서는 남만왕 맹획의 아내, 축융부인(祝融夫人)의 장기로 촉나라의 무장을 잡아들이는데 활약한다.

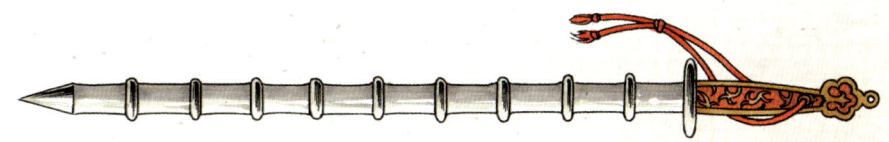

철편(鐵鞭)

「칼날이 없는 검」이라고 생각하면 된다. 무거운 철덩어리에 마디가 많이 붙어 있기 때문에 상대가 내려치는 칼을 막고 상대의 정수리를 두들겨 부순다. 실제로 등장한 것은 당나라시대였지만 『연의』에서는 적벽의 화공에서 활약한 황개의 주 무기.

AD 225-226 조비가 죽다

조비, 오를 공격하지만 대패하다

제갈량이 남만정벌을 위해 출발하기 전의 일이다. 오나라와 촉나라의 동맹을 전해 들은 조비는「반드시 우리를 공격하려 올 것이 틀림 없다」고 생각하여 신하들의 만류에도 듣지 않고 선수를 치기로 한다. 그래서 밤낮을 가리지 않고 전투용 선박을 건조시켜 30만명의 군사로 오나라를 공격하러 간다. 그런데 오나라 장군인 서성徐盛의 불 공격에 진 조비는 겨우 목숨만 건져 도망쳐 온다.

돌아온 조비는 허창의 성문이 이유도 없이 붕괴된 것을 흉조라 생각하고 자신의 죽음이 얼마 남지 않았음을 깨달아, 중요한 직책에 있는 신하들을 침상으로 불러 뒤를 부탁한다. 그 뒤 조비는 감기가 악화되어 죽고 만다. 이때 나이가 40세였다. 아들 조예가 그 뒤를 잇는다.

사마의가 지위를 잃다

이전에, 병상에 불려간 신하 중 사마의가 있었는데 그는 조예가 즉위한 뒤에 옹주雍州와 양주

조비가 죽다
조비가 병으로 죽은 뒤, 요직에 있었던 사마의가 마속의 계략으로 지위를 잃다

위나라
오나라와 촉나라의 재동맹 정보를 입수한 조비, 군함을 건조해서 오나라를 공격한다.

↔

오나라
서성이 나무에 갈대를 입힌 인형을 이용한 대군의 연출과 불로 공격하여 조비를 물리친다. 조비 아버지의 전철을 아들이 밟다.

조비는 겨우 도망가지만 위나라 대장 장료가 활에 맞아 죽는다.

의 군사 책임자로서 촉나라의 공격에 대비하게 된다. 이 이야기에 놀란 것은 제갈량이었다. 그는 사마의의 심려원모深慮遠謀를 높이 평가하고 있었기 때문에 이 자를 어떻게 하지 않으면 위나라를 공격할 수 없게 된다고 생각했다. 그래서 마속馬謖이 한가지 꾀를 낸다. 「사마의가 반란을 계획하고 있다」는 문장을 성문에 붙여 조예가 그를 의심하게 하도록 일을 꾸민 것이다. 사마의는 눈물을 흘리며 해명했지만 파면 당하고 고향으로 돌아가게 된다.

미니지식
진부인(甄夫人)과 곽귀비(郭貴妃)

조비에게는 원래 진부인이라는 부인이 있고 조예는 그녀가 낳은 아들이다. 그런데 후에 곽귀비(귀비란 황후 다음 지위의 부인)라는 사람이 조비의 총애를 받게 되었다. 게다가 그녀는 황후의 지위를 원하여 음모를 꾸며 진부인의 정원에 조비를 저주하는 인형을 몰래 묻어 둔다. 매우 화가 난 조비에 의해 진부인이 살해 당했기 때문에 그녀는 그토록 원했던 황후가 되었다. 그런데 그녀는 아들을 낳지 못해 조예를 자신의 아들처럼 매우 아꼈다고 한다.

※ 동서양의 어느 나라 궁중의 여인네들에게는 있는 일이지만, 어쩌면 조선시대 때 장희빈이 이걸 따라한 것이 아닐까?

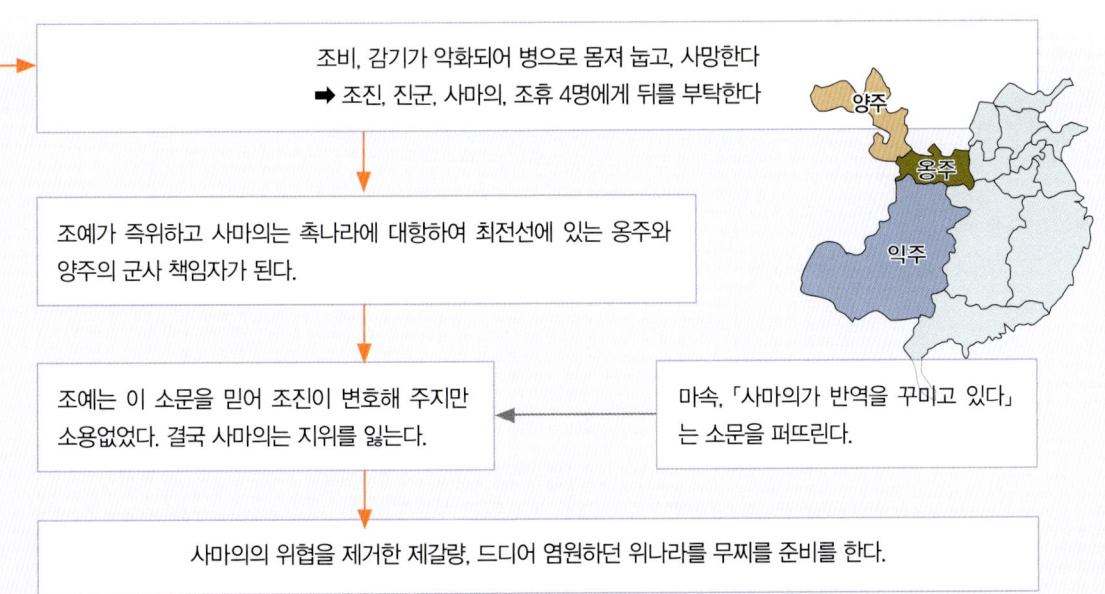

AD 228-231 제갈량, 북벌을 일으키다

제갈량의 「출사표(出師表)」

남만을 평정해서 후방의 불안을 없애고, 사마의의 지위를 잃게한 후 위나라를 약하게 만드는데 성공한데까지, 제갈량은 드디어 염원했던 위나라를 타도하기 위해 움직인다. 유명한 단어인 「출사표 그의 뜻과 위를 공격하는 이유나 필요성을 담은 문장」를 유선에게 바치고 북벌을 시작한다. 처음에는 이 제1차 북벌을 예행연습으로 진행했다. 천수天水, 남안南安, 안정安定 3개의 군郡을 간단히 손에 넣은 후 제갈량의 후계자로 나중에 활약하는 강유를 항복하게 하여 부하로 삼는다. 이 기세로 진군한다면, 위를 무찌르는 것도 머지않은 것으로 여겼다.

울면서 마속을 베다

그런데 사마의가 복귀하면서 상황은 반전된다. 그는 우선 촉나라에게 항복하고 반역을 노리고 있었던 맹달을 멸망시키고 촉나라 군대의 중요한 거점, 가정街亭을 노린다. 한편, 이것을 예측한 제갈량은 마속에게 가정을 지키도록 한다. 그런데 그는 「중요한 길목에 포진하라」는 명령을 어기고 산 위에 진을 쳐 패배한다. 결과로 전략적 요충지를 빼앗긴 제갈량은 군대를 물러나게 할 수 밖에 없었고 패전의 책임을 명백하게 하기 위해 후계자로 생각하고 애지중지했던 마속을 처형한다. 그것이 「읍참마속泣斬馬謖; 울면서 마속을 베다」이다. 그 후에도 제갈량은 몇 번에 걸쳐 북벌을 진행하지만 위나라를 물리치지는 못했다.

> **미니지식** 제2차~제4차 북벌
>
> 제2차 북벌에서 제갈량은 진창(陳倉)을 공격하지만, 여기에는 위나라의 명장인 학소(郝昭)가 버티고 있어 함락시키지 못한 채 기산(祁山)으로 향한 후 위나라의 대장군인 조진(曹眞)의 군대를 물리친 뒤 병사를 데리고 물러간다. 다음 해 학소가 병으로 쓰러졌기 때문에 제3차 북벌에 나서 진창을 손에 넣고, 무도, 은평을 손에 넣는다. 이때 사마의와 싸워 승리하고 계속해서 공격해 온 조진도 물리쳐 조진은 화를 못이겨 죽는다.
> 다음해 제4차 북벌에서도 역시 사마의를 농락하지만 사마의가 흘린 「오나라가 공격하러 온다」는 거짓 정보를 듣고 물러간다. 사실 이때는 공명의 몸이 예전만 못했던 이유도 있다.

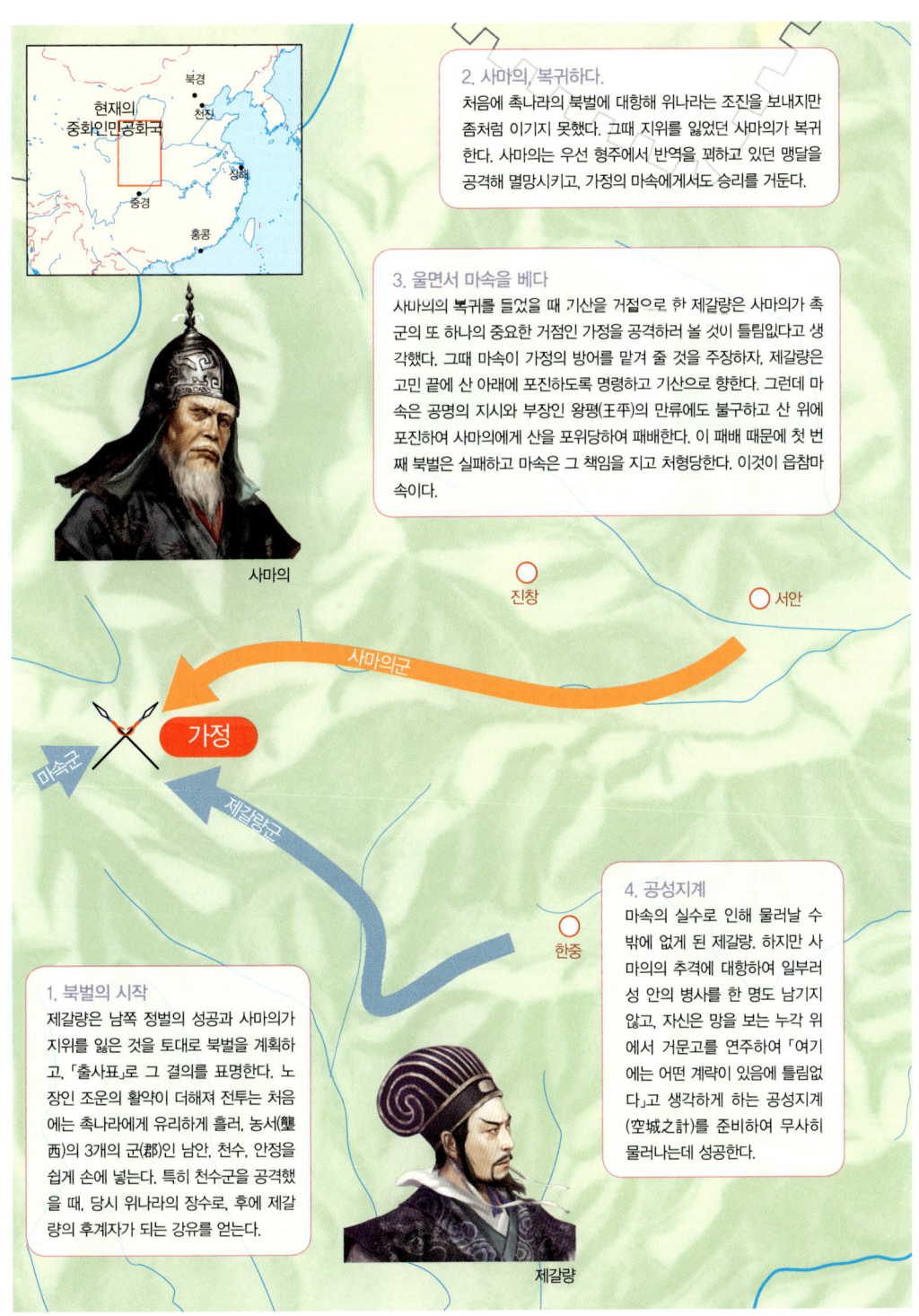

2. 사마의, 복귀하다.
처음에 촉나라의 북벌에 대항해 위나라는 조진을 보내지만 좀처럼 이기지 못했다. 그때 지위를 잃었던 사마의가 복귀한다. 사마의는 우선 형주에서 반역을 꾀하고 있던 맹달을 공격해 멸망시키고, 가정의 마속에게서도 승리를 거둔다.

3. 울면서 마속을 베다
사마의의 복귀를 들었을 때 기산을 거점으로 한 제갈량은 사마의가 촉군의 또 하나의 중요한 거점인 가정을 공격하러 올 것이 틀림없다고 생각했다. 그때 마속이 가정의 방어를 맡겨 줄 것을 주장하자, 제갈량은 고민 끝에 산 아래에 포진하도록 명령하고 기산으로 향한다. 그런데 마속은 공명의 지시와 부장인 왕평(王平)의 만류에도 불구하고 산 위에 포진하여 사마의에게 산을 포위당하여 패배한다. 이 패배 때문에 첫 번째 북벌은 실패하고 마속은 그 책임을 지고 처형당한다. 이것이 읍참마속이다.

사마의

진창 서안

사마의군

가정

마속군

제갈량군

한중

4. 공성지계
마속의 실수로 인해 물러날 수밖에 없게 된 제갈량. 하지만 사마의의 추격에 대항하여 일부러 성 안의 병사를 한 명도 남기지 않고, 자신은 망을 보는 누각 위에서 거문고를 연주하여 「여기에는 어떤 계략이 있음에 틀림없다」고 생각하게 하는 공성지계(空城之計)를 준비하여 무사히 물러나는데 성공한다.

1. 북벌의 시작
제갈량은 남쪽 정벌의 성공과 사마의가 지위를 잃은 것을 토대로 북벌을 계획하고, 「출사표」로 그 결의를 표명한다. 노장인 조운의 활약이 더해져 전투는 처음에는 촉나라에게 유리하게 흘러, 농서(隴西)의 3개의 군(郡)인 남안, 천수, 안정을 쉽게 손에 넣는다. 특히 천수군을 공격했을 때, 당시 위나라의 장수로, 후에 제갈량의 후계자가 되는 강유를 얻는다.

제갈량

AD 228-234 제갈량의 북벌 | 활약한 주요 인물

위나라의 비운의 대장군
조진(曹眞)

생몰(生沒)	? - 231
자(文名)	자단(子丹)
출생지(生誕)	불명(不明)

조비가 죽을 때 뒷 일을 부탁한 사람 중 한 명. 위나라를 무찌르는 것이 목표인 제갈량과 몇 번이고 싸우지만, 그때마다 그의 책략에 놀아나 계속해서 패배한다. 사마의를 높이 평가해서 그가 경질 당했을 때 감싸주고 자신이 병으로 쓰러졌을 때 제갈량과의 전투를 부탁한다.

용감하지만 반골상(反骨相)
위연(魏延)

생몰(生沒)	? - 234
자(文名)	문장(文長)
출생지(生誕)	의양군(義陽郡)

장사의 태수로 한현(韓玄)의 부하였지만, 유비에게 들어온다. 하지만, 제갈량은 그를 반골상(후두부에 반골이 튀어나와 있다)이기 때문에 처형해야 한다고 주장한다. 결국 유비의 중재로 목숨을 구한 후 촉나라의 무장으로 맹활약한다. 제갈량이 죽은 뒤에 반역을 일으켰다가 비밀 명령을 받은 마대에 의해 살해당한다.

북벌을 막아내다
사마의(司馬懿)

생몰(生沒)	179-251
자(文名)	중달(仲達)
출생지(生誕)	하내군온현효경리(河內郡溫縣孝敬里)

삼국을 통일한 진나라의 토대를 만든 인물로 제갈량의 라이벌. 처음에는 위나라를 섬기는 문관이었지만 후에 군사 방면에서 두각을 나타냈다. 마속의 책략으로 한 번 지위를 박탈당하지만 복귀하고, 북벌하려는 제갈량과 몇 번이고 싸우다 혼쭐도 난다. 그래도 끝내 공명의 침공을 막아낸다. 그가 죽은 뒤에 조상의 일파에 의해 태부(太傅)라는 명예직으로 쫓겨났기 때문에 숨어서 지내지만, 중병에 걸린 척으로 상대를 방심하게 해서 고평릉의 변을 일으켜 위나라의 실권을 잡는다.

마지막 남은 촉의 희망. 홀로 고독하게 싸우다
강유(姜維)

생몰(生沒)	202-264
자(文名)	백약(伯約)
출생지(生誕)	천수군기현(天水郡冀縣)

제갈량의 후계자로 촉나라의 군대를 등에 지고 등장한 인물. 공명이 북벌할 때, 천수군 관리의 부하로서 제갈량 앞에 나타난다. 천하의 조운과 호각으로 싸우는 모습에 감탄한 제갈량은 꾀를 내어 그가 적과 내통하고 있다는 거짓 정보를 흘려 갈 곳이 없게 만들고 그런 강유를 받아들인다. 이후에는 제갈량 밑에서 방법을 전수해서 활약하지만 공명이 죽은 뒤에는 궁 안의 환관들의 횡포가 있어 고전한다. 촉나라가 멸망한 뒤 회심의 책략을 쓰지만 성공하지 못하고 죽는다.

AD 229 손권, 황제가 되다

삼국의 성립

제갈량이 북벌을 반복하고 위나라와 싸우고 있을 무렵 오나라는 착실하게 세력을 강화해 갔다. 그리고 손권도 황제로 즉위한다.

촉나라의 신하들은 이것이 분수에 지나친 행동이라며 동맹을 끊어야 한다고 분노했다. 손권은 어디까지나 촉나라와 신하 관계에 있으며 황제가 된 것은 어울리지 않는다고 생각했기 때문이다. 하지만 제갈량이 「사자를 보내 즉위를 축하하고, 육손에게 위나라를 공격하게 하도록 요청해야 한다. 그렇게 하면 사마의가 오나라와 싸우는 틈에 장안을 공격할 수 있다」고 말했기 때문에 유선은 손권의 즉위를 인정하기로 한다.

각각의 생각

유감스럽게도 육손은 제갈량의 책략을 간파하고 있었기 때문에 실제로 군사를 움직일 생각이 없었다. 게다가 사마의도 육손의 마음을 읽고, 오나라를 공격하기 위해 병사를 할애하지 않았다.

손권, 황제가 되다
제갈량이 제2차 북벌을 진행하고 있을 무렵, 손권이 즉위한다.

손권, 신하들의 권유에 따라 오나라의 황제로 즉위. 촉나라에서 사자를 파견해 계속해서 동맹을 요청

촉나라의 신하들은 이 즉위에 분노하여 동맹을 파기해야 한다는 목소리가 높아진다.
➡ 신하 관계에 있는 손권이 황제가 되는 것은 말이 되지 않는다는 생각(촉은 한을 이은 것이라고 선언한다)

3개의 제국의 성립 연대
위 조비 즉위: 220년
촉 유비 즉위: 221년
오 손권 즉위: 229년

결국 이 사건에 의해 오나라와 촉나라의 관계가 악화되지도 않았다. 그리고 결과적으로 삼국에서 마지막까지 남은 것은 오나라였다.

하지만 오나라에도 문제는 있었다. 손권의 후계자를 결정하는 것을 두고 옥신각신했기 때문이다. 장남인 손등孫登이 죽고 손화孫和가 선택됐지만, 장녀 전공주全公主가 손권에게 그에 대해 나쁘게 말했기 때문에 전공주는 손화의 미움을 받아 죽고 손량孫亮이 후계자가 된다.

미니지식 이궁(二宮)의 난

손화가 후계자 자리에서 폐위 당한 경위는 실제 역사와 『연의』의 내용과는 다르다. 사실은 이 무렵 그와 남동생 손패(孫霸) 간에 격한 내부 대립이 있었다. 이것이 「이궁의 난」이다. 이 대립 자체는 손권이 손화를 폐하고 손패는 죽일 것을 명령해, 싸운 자는 잘못을 불문하고 쌍방을 똑같이 처벌하는 것으로 마무리되었다. 하지만 이때 오나라의 핵심 인물이라고 할 수 있는 육손(陸遜)이 손화를 지지했었고 손권에게 문책을 당한 것이 분한 나머지 죽고 만다. 이 사건이 오나라가 쇠퇴의 길로 가는 원인 중 하나가 된다.

| 제갈량은 신하들이 의견을 묻자 「즉위를 인정해야 한다」고 판단 |
| 오나라가 사마의의 발목을 잡아주면 좋겠다고 생각한다 |

오나라	위나라
육손은 제갈량의 생각을 간파하고 오나라의 기세를 낭비할 필요가 없다고 판단, 위나라를 공격하는 척한다.	사마위도 제갈량의 책략과 육손의 생각을 간파하고, 동요하는 조예에게 오나라는 공격하러 오지 않을테니 촉나라을 막으면 된다고 조언한다.

결국 오나라는 병사를 일으키지 않고 위와 촉의 전투가 계속된다.

한편 오나라는 전쟁으로 피해를 입은 것은 없지만, 후계자 문제가 발생한다.
장남 손등, 이어서 손화가 죽고 나서 손량이 뒤를 잇는다.

AD 234 제갈량 죽다

최후의 북벌

제5차 북벌을 위해 제갈량은 우선 진지마다 점점 식량을 축적하도록 지시한다. 이것을 불안하게 여긴 사마의는 몇 번이고 촉나라 군대를 공격하지만 좀처럼 공략하지 못한다.

특히 사마의가 가장 위험했던 것이 상방곡上方谷의 식료창고를 둘러싼 전투였다. 제갈량은 골짜기에 있는 진영에 화약을 준비해 적을 유인하여 불태워 죽이려고 했다. 하지만 주위가 불바다가 된 상황에서 사마의가 죽음을 각오했을 때, 갑자기 큰 비가 내려 불을 꺼트렸다. 이리하여 천재일우千載一遇의 기회는 사라졌다고 제갈량은 탄식했다.

오장원(五丈原)에 별이 떨어지다

제갈량은 오장원으로 진영을 이동해서 최후의 결전을 펼치기 위한 도발을 시작한다. 하지만 사마의는 그가 병을 얻었음에도 무리를 하므로 수명이 얼마 남지 않았음을 알아채고 도발에 응하지 않는다. 게다가 때를 맞추어 위나라를 공격하고 있던 손권이 패하고 그 정보를 들은 제갈량이 쓰러진다. 하지만, 제갈량은 그리 쉽게 죽지 않았다. 제갈량이 죽을 때가 가까워진 것을 알고 추격해 온 사마의 앞에 자신과 똑같이 만든 나무조각상을 세워, 사마의가 물러가도록 유언한 뒤 숨을 거두었다. 이 최후의 전략도 딱 들어맞아, 이것을 촉나라 사람들은 「죽은 공명제갈량이 살아있는 중달사마의를 달아나게 했다」고 치켜세웠다.

> **미니지식**
>
> **최후의 기도사**
>
> 제갈량은 죽기 전에 한 가지 의식을 시험해 보고 있었다. 강유와 함께 천막에 들어가 북두(北斗; 죽음을 관장한다고 알려진 별)에 제사를 올려 수명을 연장하도록 기도를 올렸다. 이 의식을 7일 간 계속하면 그의 수명은 12년이 늘어날 것이었다. 그런데 무사히 6일이 지나고 7일째, 위나라 군대의 습격을 전하러 황급히 달려 들어온 위연이 가장 중요한 등을 밟아 꺼트린다. 이리하여 기도는 실패하고 제갈량은 「하늘이 나의 목숨이 다 했다는 의미다」라고 탄식했다고 한다.

2. 제갈량 쓰러지다
오장원에서 양쪽 군대가 대치하고 있을 무렵 이번에는 갑자기 사마의가 지구전으로 전략을 바꾼다. 촉나라 군대의 사자인 태사자로부터 제갈량의 죽음이 머지않았음을 알고 그의 죽음을 기다린다. 제갈량은 사마의에게 여자 옷을 보내는 등 도발했지만 사마의는 이것을 개의치 않는다. 게다가 같은 시기에 위나라를 공격하고 있었던 손권이 물러난 것을 안 제갈량은 이 이야기를 듣고 실망해 쓰러지고 만다.

사마의

1. 상방곡의 불 공격 계획
최후의 전투가 되는 제5차 북벌에서, 지금까지 식량 부족으로 언제나 공격을 하다가 물러나야 했던 제갈량은 우선 물자를 상방곡이나 기산 등의 진지에 축적해 간다. 그리고 그것을 공격해 오는 사마의와 전투를 펼친다. 특히 식량을 모아 쌓아두는 곳으로 사용한 상방곡 전투에서는 화약을 이용한 덫으로 사마의를 거의 사지에 몰아넣었으나, 갑자기 비가 내려 실패하고 전쟁은 오장원으로 옮겨간다.

3. 오장원에서 죽다
제갈량은 목숨을 연장하는 의식을 치르지만 이것도 실패하고 결국 죽는다. 하지만 유언으로 「내가 죽어도 장군들과 병사들은 평정심을 유지하고, 사마의가 공격해 오면 나무로 만든 조각상을 차에 태워 군대 앞에 내세워라」고 지시한다. 추격해 온 사마의는 이 모습을 보고 제갈량이 아직 살아있다고 생각해 혼비백산하여 물러난다.

제갈량

5장 삼국은 신화 속으로

三國志 155

AD 234-249 조예, 방탕한 생활로 죽다

조예의 복잡한 심경

제갈량이 오장원에서 쓰러진 뒤, 조예는 긴장으로부터 해방된 탓인지 사치에 빠져 지낸다. 술과 여자를 탐하고, 화려하고 아름다운 대궁전을 몇 번이고 건설해 백성들을 피폐하게 만든다.

그 무렵, 요동의 공손연公孫淵이 연왕燕王을 칭하며 반란을 일으키자 사마의는 그것을 1년에 걸쳐 평정한다. 그러나 이 사이에 조예는 술과 여자에 빠진 생활로 신체에 악영향이 미친 탓인지 병으로 쓰러져 결국 죽고 만다. 다음에 즉위한 조방曹芳은 아직 8살이었기 때문에 조진의 아들 조상曹爽과 사마의가 보좌하기로 한다.

조상과 사마의

처음에 조상은 무슨 일이든 사마의와 상담하여 정치를 해나간다. 하지만, 어느 날 부하로부터 「당신의 아버지 조진은 사마의에게 지독한 일을 당했다」는 것을 들은 뒤 대립하게 되어 사마의를 태

조예, 방탕한 생활로 죽다
제갈량이 죽은 뒤, 위나라에서는 사마의가 실권을 장악하게 된다.

촉나라의 위협이 없어지자 조예는 궁전을 짓거나 술과 여자에 빠져 정치를 소홀히 하게 된다.

이 무렵, 요동의 공손연이 반란을 일으켜 이것을 사마의가 제압한다.

그 사이에 조예는 헛것을 보고 쓰러져 병상에 눕는다.

조예가 위독해지자 사마의를 불러들여 뒤를 부탁한다.
➡ 조예가 죽은 뒤 어린 조방이 즉위하고 조상과 사마의가 보좌한다.

부_{서傅}라는 실권이 없는 지위에 앉힌다.

　그러자 사마의는 병이 들었다는 이유로 집에 틀어박히고 두 아들도 퇴직한다. 그래서 조상은 부하를 보내 안부를 묻고 상태를 살피게 하지만 사마의는 늙어서 쇠약해진 척 연기를 한다. 그리고 조상이 방심한 틈에 군대를 일으켜 낙양을 제압하고 조상을 처형하여 위나라의 실권을 잡는다.

미니지식 조예의 성적표

만년(晚年)의 모습만 보면 조예는 어리석은 군주처럼 보이지만 제갈량이 죽을 때까지는 촉나라와 오나라의 압력을 훌륭히 조절하는 군주였다. 촉나라의 거듭되는 북벌에 대항해서, 사마의의 능력을 믿고 그에게 임무를 맡겨 위나라를 지킨다. 또한, 제5차 북벌에 출진한 손권을 상대로 스스로 병사를 인솔하여 대항하고, 밤에 습격해서 적군을 물러나게 하는데도 성공한다. 오나라와 함께 움직이는 것을 기본으로 전략을 세운 제갈량이 이에 충격을 받은 것은 이미 서술한 바 있다.

조상
처음에는 사마의를 잘 따르고, 무엇이든 먼저 의논했다.
➡ 아버지 조진과 사마의의 악연으로 사마의의 실권을 빼앗는다.

사마의
태부(삼공보다 높지만 명예직)로 임명되자 곧 숨어서 지낸다.
➡ 상태를 살피러 온 조상 측의 부하를 만나 귀가 먼 척을 한다.

완전히 속아 넘어가 방심한 조상, 조방과 함께 수도를 떠나 사냥을 간다
➡ 그 틈을 타 사마의가 수도를 점령해 버린다.

조상은 잡혀서 처형 당하고 이후 위나라의 실권은 사마의의 손에 넘어간다.

AD 234~ 강유의 고독한 전투

위연의 반란

제갈량이 죽은 뒤 촉나라에서도 파란이 있었다. 북벌 후 귀환 중인 위연이 반란을 일으킨 것이다. 하지만, 제갈량은 위연과 처음 만났을 때부터 쭉 「위연은 언젠가 배반을 할 것임에 틀림없다」고 생각하고 있었기 때문에 살아있을 때 대책을 준비해 뒀다. 일부러 마대를 위연의 반란에 동조하는 척하게 해서 그 틈을 노려 물리치도록 한 것이다. 그 뒤, 장완蔣琬이 촉나라의 정치를 맡았고, 그가 죽은 뒤에는 비위費禕가 후계자가 된다. 이 인재들은 제갈량의 유언에 의해 뽑힌 것이다. 두 사람은 내정에 전념하고 국력의 회복을 저울질하여 위나라에 대해서는 소극적 정책을 폈다.

강유의 출진

한편, 강유는 위나라의 불안정한 국정을 이유로 적극적 정책을 주장하고 위나라로부터 망명해 온 하후패夏侯覇와 함께 옹주雍州를 공격한다. 하지만, 의지하고 있었던 강족羌族의 도착이 늦어

강유의 고독한 전투
제갈량이 죽은 뒤에는 강유가 그 뒤를 이어 싸우지만 승패를 반복한다

제갈량이 죽었기 때문에 북벌은 중단되고, 촉나라는 물러나기로 한다.

위연
양의와 사이가 나빴고, 제갈량의 작전에 불만이 있었기 때문에, 마대와 손을 잡고 반란을 일으키자 양의가 성도(成都)에 반란을 보고 한다.

⟷

촉나라
군대를 통솔하고 있었던 강유와 양의는 제갈량이 봉투에 남겨둔 지시를 확인하고 성도의 장완은 위연의 반란을 간파한다.

져, 물러나기로 한다.

달아나는 강유 앞에는 사마사가 나타나 길을 가로막지만 그에게는 비장의 카드가 있었다. 예전에 제갈량에게 부탁받은 한 번에 10발의 화살을 발사하는 연노를 백 대 이상이나 길의 양쪽에 숨겨놓고 화살에 독을 발라 일제히 사격한 것이다. 이렇게 해서 달아난 뒤에도 강유는 몇 번이고 위나라를 공격하지만 좀처럼 큰 성과를 내지 못한 채 괴로워하게 된다.

에피소드 비위의 죽음

비위는 출격을 주장하는 강유를 「승상(제갈량)조차 중원을 되찾지 못했다. 하물며 그런 승상에게 까마득하게 미치지 못하는 우리들에게 있어 논할 수 있는 문제가 아니다」라고 충고하는 등 신중한 인물이었다. 하지만 결코 강유를 배신하는 일은 없었고 유선을 잘 보좌했다. 그런데 비위는 거짓으로 항복한 자에 의해 살해당하고 만다. 그 때문에 촉나라 정권에서 강유는 군권을 장악하고, 여러 차례 전투에서 승리함에도 불구하고 다시 적의 함정에 빠지는 일이 반복되었다.

대치하고 있던 중 양의는 제갈량이 남긴 지시대로, 위연에게 「나를 죽이려는 자가 있는가?」라고 3번이나 말하게 한다. 그러자 옆에 있던 마대가 「여기 있다」고 대답하며 위연의 목을 벤다.
➡ 마대는 제갈량의 유언을 받들어 위연의 옆을 지키고 있었던 것이다.

이후에 촉나라는 제갈량의 유언대로 실권을 장완과 비위가 맡아서 소모된 촉나라의 국력이 회복될 수 있도록 전념한다.

강유는 적극적인 정책을 주장하고, 항복해 온 하후패와 함께 위나라를 공격하지만, 승패는 반복된다.

사마사에게 쫓기지만 제갈량이 발명한 연노로 위험에서 빠져나온다.

이후, 강유는 몇 번이고 위나라를 공격하지만, 비위도 죽은 뒤라 좀처럼 성과는 얻지 못한다.

AD 234-253 손권의 죽음과 오나라의 내란

손권, 편안히 죽다

제갈량의 죽음은 오나라에도 큰 영향을 미쳤다. 오나라가 촉나라를 향해 병력을 증강하기 시작했기 때문이다. 이에 놀란 촉나라가 사자를 파견해 손권에게 진의를 묻자, 그는 어디까지나 위나라를 방어하기 위한 것이라고 대답한다. 게다가 「만약 촉과의 동맹이 깨진다면 손씨 집안 혈통은 끊길 것이다」라고 선언한다. 실제로 이후에 촉나라와 오나라가 다투는 일은 없었다고 한다. 그후, 손권의 71년 긴 인생의 막이 내리자, 즉위한 손량孫亮을 보위하고 오나라의 정치를 맡은 것은 제갈각諸葛恪이었다. 그는 쳐들어오는 위나라의 군대를 무찌르고 강유와 손을 잡고 북벌을 진행한다.

손준(孫俊), 제갈각을 공격하다.

그런데, 위나라를 공격하는 것이 순조롭게 진행되지 않았다. 성을 함락시키지 못했고 자신도 이마에 활을 맞아 부상을 당한 채 폭염으로 많은 병사들이 병을 얻어 쓰러졌다. 이것을 수치스럽게

손권의 죽음과 오나라의 내란
유비와 조조가 죽은 뒤에도 오래 살았던 손권이 죽자 오나라의 내부도 황폐 해진다

제갈량 죽음의 영향
➡ 오나라가 촉나라의 국경에 병력을 증강하고, 촉나라의 사자에게는 촉나라를 지원하기 위해서라고 대답한다.

손권은 유비와 조조의 조카뻘 되는 나이였기 때문에 살아서 오나라를 지켜왔으나 71세의 나이로 사망한다.

후계자 손량이 오나라의 황제가 되어 제갈각이 그를 보좌하고 정치를 전담한다.

손권의 죽음을 좋은 기회라고 생각한 위나라의 사마사가 공격해 오지만 오나라의 정봉이 물리친다.

생각한 제갈각은 집에 틀어박혀 나오지 않는다.

　　이 실패를 자신의 죄로 돌릴까 두려웠던 제갈각은 차례차례 다른 장군들이나 관리들의 지위를 박탈시킨다. 그의 독선적 행동이 지나치자 손량도 그를 제거하기로 결정하고 손준에게 그를 처형할 것을 명령한다. 제갈각은 연회에 초대받아 가서 목이 베이고 이후에는 손준이 오나라를 손에 넣게 된다. 제갈각이 강유에게 보낸 편지가 도착하고, 우유부단한 유선이 북벌을 허락했을 때 제갈각은 이미 죽고 난 뒤였다.

미니지식 실제 역사에서는 투명한 신

『연의』에는 기록되어 있지 않지만, 만년의 손권은 임해군(臨海郡)에 있던 왕표(王表)라는 신을 섬기고 있었다고 한다. 이 신은 말(대화)로 먹고 살았는데 모습은 전혀 보이지 않았다. 방적(紡績)이라는 이름의 무녀가 그를 섬기고 있었는데, 그녀가 왕표의 대변인이었다. 오나라의 신하들 중 몇 명이나 왕표와 논쟁을 벌이지만, 누구도 그를 말로 이길 수 없었다. 왕표는 몇 개의 예언을 적중시켰지만, 예전에 손견이 쓰러졌을 때 병을 치유해 줄 것을 부탁했으나 왕표는 그것을 회피했다.

[제갈각] 제갈각은 오히려 지금이 위나라를 칠 기회라고 촉나라로 편지를 보내 위나라를 공격하지만 신성(新成)에서 공격이 막혀 진이 빠진다. 제갈각은 「며칠 안에 항복하겠습니다」라고 속여 촉나라의 강유가 군사를 일으킬 때까지 시간을 번다.

눈치채고 공격한다

[촉나라] 촉나라의 강유는 무사안일한 유선과 환관들의 방해로 거병을 못하고 제갈각 자신은 활에 맞고, 병사들은 더위에 병을 앓는다. 포기하고 물러나려는데 추격 당하여 패배한다.

제갈각 패배를 부끄럽게 여긴 제갈각은 꾀병을 부려 집에 틀어박혀 있다. 게다가 세간의 비판이 두려워서 다른 관료들이나 무사들의 지위를 박탈한다.

손량 제갈각의 지나친 독선적 행동을 우려한 손량은 손준에게 명령해 제갈각을 살해한다.

강유와 함께 위나라를 공격하려던 계획은 그가 죽음으로써 없던 일이 된다.

AD 251~ 사마 일족의 독선적 행동

사마사의 횡포

위나라의 실권을 장악한 뒤 사마의는 병으로 쓰러져 세상을 뜬다. 그 뒤를 이은 것이 첫째 아들 사마사이다. 사마사는 강력한 권력을 휘두르며 위제인 조방을 심하게 위협한다. 어느 날, 신하가 보고하는 모든 것을 사마사가 대신 보고하여 조방은 한 마디도 하지 못하게 한 적도 있었다. 게다가 그가 궁전을 퇴청하면 거의 모든 신하가 그를 따라갔다.

견딜 수 없었던 조방은 그곳에 남은 얼마 남지 않은 자들과 사마사 타도를 논의한다. 그런데 그 일이 폭로되어 가담한 사람들의 일족이 전부 참살당하고 조방은 퇴위 당한다.

반란의 진압

물론, 사마 집안의 오만방자한 행동과 독선적 행동에 반발하는 위나라의 신하들도 적지 않았다. 회남에서는 관구검과 그의 부장 문흠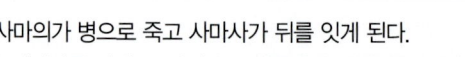이 반란을 일으켜 사마사는 그것을 진압했지만

사마 일족의 독선적 행동
조씨일가가 실권을 잃고, 사마사와 사마소가 정치를 전담한다

사마의가 병으로 죽고 사마사가 뒤를 잇게 된다.
➡ 조방은 사마사를 겁내고, 신하들도 아부하며 사마사를 따른다.

어느날, 사마사는 모든 정치적 업무에 자신이 대답하고, 결정할 때 조방은 아무말도 하지 못하게 한다.
게다가, 사마사가 궁전을 나가면 대부분의 신하들이 졸졸 따라 궁전을 빠져 나가 버린다.

사마사의 횡포를 참을 수 없었던 조방이 타도할 것을 계획하지만, 얼마 지나지 않아 발각되고 황제의 자리에서 내려오게 된다.

왼쪽 눈에 생긴 혹이 악화되어 죽는다. 그 뒤를 이은 동생 사마소司馬昭 때에는 제갈탄諸葛誕이 오나라와 손을 잡고 반란을 일으켰으나 이것도 역시 진압당한다.

이런 와중에 사마소는 점점 독선적 행위의 정도가 심해져 당시 위제인 조모曹髦가 그를 진공晉公의 자리에 앉히는 것을 주저하자, 크게 호통치고 결국에는 그자리에 앉는다. 궁지에 몰린 조모는 병사를 일으키지만 결국엔 살해당하고 만다.

에피소드 사마의의 유언

사마의는 죽기 전에 사마사와 사마소를 불러 다음과 같은 유언을 전한다. 「나는 오랜 시간 위나라를 섬겨 높은 지위를 얻었다. 모두 내가 황제자리를 빼앗는 것이 아닐까 의심했기 때문에 황제는 언제나 나한테 벌벌 떨고 있었다. 내가 죽으면, 너희들은 국정을 잘 수행하도록 하여라. 신중에, 신중을 기해서」 이렇게 말한 뒤, 그는 숨을 거두었다. 오랜 시간동안 위나라의 군사로 활약하고, 몇 번이나 지위를 박탈당하면서도 최후에는 한 나라의 실권을 잡은 사마의다운 유언이었다고 할 수 있다.

회남에서 관구검과 그의 부장 문흠이 반란을 일으킨다.
➡ 진압할 때 눈에 입은 상처가 악화되어 사마사가 죽는다.

사마일족의 지배에 반발한 제갈탄이 오나라와 손을 잡고 반란을 일으킨다
➡ 사마사의 뒤를 이은 동생 사마소가 진입한다

독선적 행동의 도가 심해지는 사마소, 주저하는 황제에게 호통을 쳐서 진공의 자리에 앉는다.

궁지에 몰린 황제 조모가 적은 수의 병사를 모아 치려 하지만 사마소에게 살해당한다.

※관구검은 고구려를 2차례 침략한 적이 있다. 만주의 환도성에 동천왕을 피신케 했으나, 이것이 후에 고구려가 국력을 키우게 되는 계기가 되었다.

AD 263-264 촉나라 침공전 촉의 멸망

환관, 촉을 망치다

이 무렵 촉나라에서는 재상인 유선의 총애를 받은 환관인 황호黃皓가 큰 권력을 가지고 있었다. 게다가 그는 위나라에서 뇌물을 받아 강유를 자주 방해하기도 했다. 이때 대군을 이끌고 쳐들어 온 장수가 위나라의 종회와 등애였다. 강유가 출격해서 이것을 맞받아치지만 또 황호의 방해로 지원을 받지 못한다. 고전 끝에 검각劍閣에서 농성하며 종회와 싸우는데 배후에서 수도인 성도成都를 공격하는 군이 나타난다. 등애의 부대였다. 이에 제갈량의 아들 제갈첨諸葛瞻이 맞서 싸우지만 패하여 죽는다. 유선은 강유가 싸우고 있음에도 불구하고 항복한다.

강유, 최후의 전략

하지만 강유는 주군에게 버림받았음에도 불구하고 포기하지 않았다. 일부러 종회에게 항복하고 그에게 신용을 받아 언변으로 등애와 대립을 부추긴다. 종회는 강유의 조언으로 등애를 붙잡아 반역을 꾀한다. 물론, 이것도 강유의 전략이었다. 그는 쿠데타로 위나라를 쓰러뜨리고, 마지막에 종회를 처단해서 촉나라를 복구하려고 했다. 하지만 그 계략은 간파당하고, 두 사람은 반란에 반대한 위나라의 장수들에게 습격당하며 종회는 죽고, 강유는 「나의 계획은 이루어지지 못했다. 이것은 촉을 버린 하늘의 뜻이다」라고 외치며 자살한다. 그의 나이 59세였다.

에피소드

① 그 후의 유선

낙양으로 이송된 유선은 안락한 나날을 보냈다. 어느날, 연회의 자리에서 사마소가 「촉이 그립습니까?」라는 질문을 하자, 유선은 「이곳이 즐거워서 생각나지 않습니다」라고 대답하며 음식을 맛있게 먹었다. 옛 신하들에게 조언을 받아 다음의 질문을 받았을 때는 슬픈 표정을 지었지만 눈물은 흘리지 않았다. 게다가 곧 그 비굴함을 간파당하고 「말씀하신 대로입니다」라고 대답해 버린다. 사마소는 이것을 보고 크게 웃었다고 한다. 어질고 덕이 많았던 영웅 선제(先帝)인 유비의 아들이라고 생각 할 수 없는 바보스러운 유선의 에피소드이다.

② 유선이 낙양에 끌려갈 때 환관 황호도 함께 끌려갔다. 황호를 본 사마소는 그들 나라를 말아먹은 간신놈이라고 꾸짖어 저잣거리로 끌고 가 사지를 찢어 죽인다.

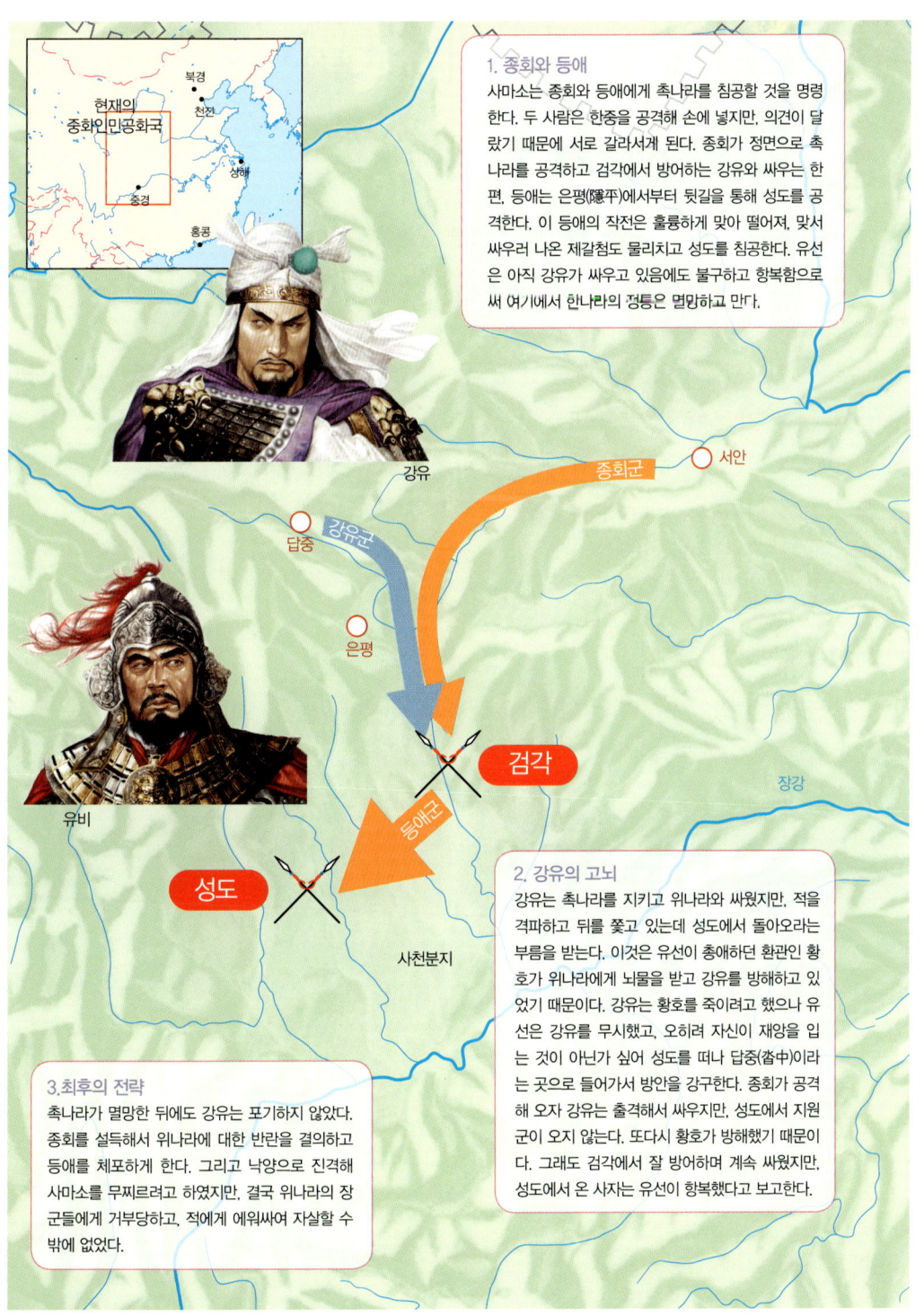

1. 종회와 등애

사마소는 종회와 등애에게 촉나라를 침공할 것을 명령한다. 두 사람은 한중을 공격해 손에 넣지만, 의견이 달랐기 때문에 서로 갈라서게 된다. 종회가 정면으로 촉나라를 공격하고 검각에서 방어하는 강유와 싸우는 한편, 등애는 은평(隱平)에서부터 뒷길을 통해 성도를 공격한다. 이 등애의 작전은 훌륭하게 맞아 떨어져, 맞서 싸우러 나온 제갈첨도 물리치고 성도를 침공한다. 유선은 아직 강유가 싸우고 있음에도 불구하고 항복함으로써 여기에서 한나라의 정통은 멸망하고 만다.

2. 강유의 고뇌

강유는 촉나라를 지키고 위나라와 싸웠지만, 적을 격파하고 뒤를 쫓고 있는데 성도에서 돌아오라는 부름을 받는다. 이것은 유선이 총애하던 환관인 황호가 위나라에게 뇌물을 받고 강유를 방해하고 있었기 때문이다. 강유는 황호를 죽이려고 했으나 유선은 강유를 무시했고, 오히려 자신이 재앙을 입는 것이 아닌가 싶어 성도를 떠나 답중(沓中)이라는 곳으로 들어가서 방안을 강구한다. 종회가 공격해 오자 강유는 출격해서 싸우지만, 성도에서 지원군이 오지 않는다. 또다시 황호가 방해했기 때문이다. 그래도 검각에서 잘 방어하며 계속 싸웠지만, 성도에서 온 사자는 유선이 항복했다고 보고한다.

3. 최후의 전략

촉나라가 멸망한 뒤에도 강유는 포기하지 않았다. 종회를 설득해서 위나라에 대한 반란을 결의하고 등애를 체포하게 한다. 그리고 낙양으로 진격해 사마소를 무찌르려고 하였지만, 결국 위나라의 장군들에게 거부당하고, 적에게 에워싸여 자살할 수밖에 없었다.

AD 265 위나라의 멸망과 진(晉)나라의 탄생

후계자의 선택

촉나라가 멸망할 무렵, 위나라의 황제는 조환曹奐이었지만 그는 사마소의 손아귀에서 노는 꼭두각시였다. 조환은 신하들이 추천하는 대로, 촉나라를 멸망시킨 사마소를 진나라의 왕으로 임명한다.

이때, 사마소는 후계자를 정하기로 한다. 그는 총명하고 무예와 용맹이 뛰어난 첫째 아들 사마염司馬炎보다 차분하고 효자인 둘째 아들 사마유司馬悠를 아꼈기 때문에 사마유를 선택하려 한다. 하지만 부하들이 장남을 세우지 않으면 나라가 혼란해지며, 또한 나이 어린 자를 선택하는 것이 좋지 않다고 반대했기 때문에 사마염이 후계자가 된다. 그 후, 사마소가 갑자기 중풍으로 쓰러져 죽고 사마염이 진나라의 왕을 이어 받는다.

진나라의 탄생

아버지의 장례를 끝낸 사마염은 드디어 황제로 올라서기 위해 움직이기 시작한다. 그는 궁궐

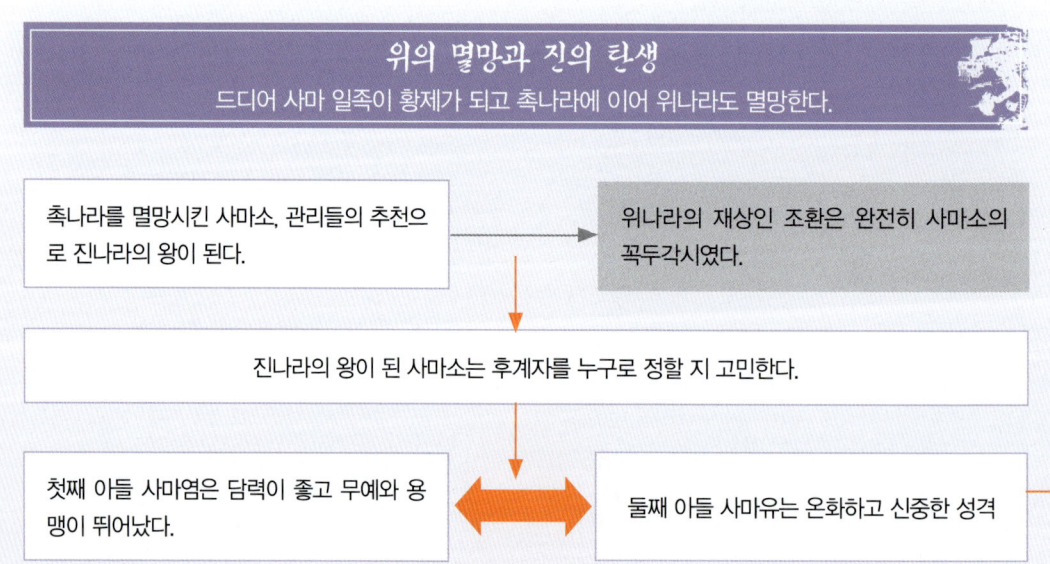

위의 멸망과 진의 탄생
드디어 사마 일족이 황제가 되고 촉나라에 이어 위나라도 멸망한다.

- 촉나라를 멸망시킨 사마소, 관리들의 추천으로 진나라의 왕이 된다.
- 위나라의 재상인 조환은 완전히 사마소의 꼭두각시였다.
- 진나라의 왕이 된 사마소는 후계자를 누구로 정할 지 고민한다.
- 첫째 아들 사마염은 담력이 좋고 무예와 용맹이 뛰어났다.
- 둘째 아들 사마유는 온화하고 신중한 성격

에 들어가 두눈을 부릅뜨고 「폐하는 이제 방법을 논하는 것도 나라를 다스리는 것도 할 수 없습니다. 어째서 재능과 덕이 있는 자를 천하의 주인으로 삼지 않습니까?」라고 웃으며 말하고 지위를 양보할 것을 요구한다. 조환은 반론하지도 않고 그저 사마염이 말하는대로 할 수밖에 없었다.

그리고 예전에 조비가 헌제로부터 지위를 물려받았던 것과 같이 황제의 지위를 물려받는다. 게다가 조환은 황제의 상징인 전국의 옥새를 사마염에게 건네주고 만다. 이리하여 위나라는 멸망하고 진나라가 탄생한다. 조조 이래 5대 45년 만에 위나라는 망하고 만다.

미니지식 촉나라를 공격한 이유

사마소는 진왕이 되기 전에 촉나라를 공격해 멸망시키려고 했는데, 그것은 원래 황제 자리를 물려받기 위한 포석이었다고 한다. 왜냐하면 그는 먼저 이야기했던 것 같이 조모를 살해했기 때문에 자신의 평판을 끌어올려야만 했다. 조비의 사례와 같이 자신이 황제 자리에 오를 생각은 없었던 것 같다. 그러나 자신의 아들이 황제가 됐을 때를 대비해 사마 일족의 인기를 높일 필요가 있었다. 그래서 촉나라를 공격한 것이다

※ 삼국의 국력 비교 : 먼저 영토의 크기는 중국 천하 13개주 가운데 위나라가 7개주와 3개주의 일부를 지배했고, 오나라가 온전한 주 1개와 반쪽짜리 주 2개, 촉나라는 온전한 주 1개 뿐이었다.
인구 수는 위나라=(429만), 오나라=(256만), 촉나라=(108만)

사마소는 사마유를 아껴 후계자로 정하려고 한다.
➡ 신하들의 반대로 인해 결국 사마염이 뒤를 잇게 된다.

사마소가 갑자기 중풍으로 쓰러져 사마염이 진나라의 왕이 된다.

아버지의 장례를 끝낸 사마염은 곧 위나라의 재상인 조환에게 황제 자리를 양보할 것을 요구하자 조환은 거절하지 않는다.

대의명분
이때, 사마염은 한나라의 적을 무찌르겠다는 명분을 내세우며 자신은 역적이 아님을 어필한다.

위나라의 멸망

AD280 오나라 침공전
오나라의 멸망과 사마 일족의 중국통일

손호(孫晧), 오나라를 황폐하게 하다.

촉나라와 위나라가 멸망하고, 결국 삼국 중에 남은 것은 오나라 뿐이었다. 오나라에서는 재능과 품위, 결단력을 겸비한 인물로 기대되는 손호가 즉위하지만 그는 막상 황제가 되자 급변하게 된다. 술과 여자에 빠져 시중드는 환관을 총애하고 그를 만류하는 신하들의 일족을 몰살해 버리는 등 그의 행동은 잔인하고 난폭해지기까지 한다. 그로 인해 오나라의 내정은 완전히 혼란스러워졌다. 하지만 육손의 아들이자 훌륭한 무장인 육항陸抗이 국경을 견고하게 지키고 있었기 때문에 진나라에게 공격당해 멸망하지는 않았다.

삼국시대의 끝

전투 중에서 육항은 진나라의 대장 양호羊祜와 적인 동시에 서로 존경하는 사이가 된다. 명장은 명장을 알아본다는 말이 성립되는 순간이다. 그런데 의심 많은 손호는 육항이 내통하고 있다고 생각하고 그의 군통수권을 빼앗고 멀리 오지로 좌천시킨다. 수년 뒤, 진나라의 대군이 오나라를 공격하러 오게 된다. 기세등등한 진나라 앞에 국력이 쇠퇴해 육항도 없는 오나라에게 승산은 없었다. 그 중에는 진나라의 깃발을 본 것만으로도 항복한 자들도 있었다. 손호는 자살하려고 했지만, 신하들에게 「어째서 촉나라의 주인인 유선처럼 행동하지 않는 것입니까?」라는 말을 듣고 항복한다. 이때 오나라도 멸망하고, 진나라에 의해 천하가 통일되어 『삼국지연의』의 이야기는 여기서 끝이 난다.

> **미니지식**
> **이후의 진나라**
>
> 『삼국지연의』는 진나라의 천하통일로 막이 내리지만 역사는 계속된다. 통일 후 사마염은 정치에는 손을 놓고, 1만 명도 넘는 미인을 후궁으로 들여 여색에 빠져 죽는다. 뒤를 이은 것은 그의 아들 사마충(司馬衷)인데, 여기선 황후가 실권을 쥐고 있었다. 이 때부터 팔왕(八王)의 난이라는 내란이 일어나 나라 안은 혼란스러워진다. 그때 이민족 흉노가 침입해 와서 진나라는 멸망하게 된다. 그러나, 황족 중 하나가 강남(江南)으로 달아나 동진(東晉)이라는 국가를 세운다. 그래서 역사에선 본래 진나라를 서진(西晉)이라고도 부른다.

1. 육항의 좌천
오나라는 손호의 폭정에 의해 국력을 잃는다. 하지만, 천연 요새인 장강과 국경을 굳건히 지키는 명장인 육항의 존재가 외적으로부터 방벽이 되고 있었다. 그런데 육항과 진나라의 명장인 양호가 친구가 되어 가까워지자 손호는 의심하고 육손을 좌천시켜 버린다.

2. 삼국시대의 끝
육항이 좌천되고 수 년 뒤, 진나라의 대군이 육로와 수로 양쪽으로부터 오나라를 공격한다. 진나라의 세력은 어마어마했는데, 오나라의 일부 군사들은 충성을 다해 있는 힘을 다해 싸우지만 죽게 된다. 말로만 나라를 걱정하는 자들은 싸우기도 전에 항복했다고 한다. 수도인 건업까지 공격 당한 손호는 자살하려고 하지만, 신하들의 만류로 항복한다. 여기에서 삼국은 전부 멸망하고, 사마 일족이 다스리는 진나라가 천하를 통일한다.

3. 그 후
진나라은 삼국을 전부 멸망시키지만, 위·촉·오의 마지막 황제들은 모두 살아남아, 충분한 대우를 받고 안락하게 생활했다고 한다. 그러나 진나라의 치세(治世)는 오래가지 못하고 중국은 또 다시 전란의 시대로 돌입하게 된다.

三國志 169

AD 263-280 삼국의 멸망 | 활약한 주요 인물

유비의 아들
유선(劉禪)

- 생몰(生沒): 207~271
- 자(文名): 공사(公嗣)
- 출생지(生誕): 불명(不明)

유비의 아들로 촉나라의 2대 황제. 장판파 능선에서 조운이 목숨을 구한다. 아버지가 죽은 뒤에 황제의 자리를 이어받지만 제갈량의 힘으로 나라를 유지해 간다. 하지만 환관인 황호를 총애하게 되어 나라를 혼란스럽게 하는 등 어리석은 임금의 이미지가 강하다. 중국에서는 무능한 인간을 아두(阿斗; 그의 어릴적 이름)라고 부를 정도이다.

급변한 폭군
손호(孫晧)

- 생몰(生沒): 242 ~ 284
- 자(文名): 원종(元宗)
- 출생지(生誕): 불명(不明)

오나라의 제4대 황제. 즉위 전에는 지혜와 용기를 겸비해 기대를 한 몸에 받았으나, 즉위 후에는 갑자기 폭군으로 돌변해서 오나라의 국력은 약해진다. 게다가 국경을 지키고 있던 유능한 장수 육항을 파면시켜 버렸기 때문에 진나라의 침공을 막아내지 못하고 오나라는 멸망한다. 진나라에게 항복한 뒤에는 촉나라, 오나라의 황제와 마찬가지로 천수를 다했다.

진의 초대 황제
사마염(司馬炎)

생몰(生沒)	236 ~ 290
자(文名)	안세(安世)
출생지(生誕)	불명(不明)

이미 위나라를 실질적으로 지배하고 진나라의 왕이 되어 사마소의 뒤를 잇는다. 그 뒤 얼마 지나지 않아 위나라의 황제 조환을 내쫓고 황제 자리를 빼앗아 위나라를 멸망시키고 진(晉)을 세운다. 그 후 오나라도 멸망시키고 천하를 통일. 여기서 『삼국지연의』라는 이야기는 막을 내린다. 그러므로 이야기의 최후를 장식하는 영웅이라고 할 수 있다. 하지만 긴장이 풀린 탓인지 그 후에는 정치에서 멀어져 여색에 빠져 진나라는 단명하는 국가로 된다.

촉나라를 멸망시킨
등애(鄧艾)

생몰(生沒)	202 ~ 264
자(文名)	사재(士載)
출생지(生誕)	천수군기현(天水郡冀縣)

위나라 말기의 무장. 위나라의 대장군 하후패가 촉나라를 섬기기로 했을 때, 주의해야 할 상대로 사령관 종회와 함께 이름이 거론될 정도였다. 실제로 북벌을 계획한 강유의 앞을 몇 번이고 가로막았다. 후에 종회와 함께 촉나라를 공격하고 강유가 검각에서 농성하고 있는 틈에 성도를 함락시켜, 유선을 항복하게 한다. 하지만 강유에 의해 야심을 자극받은 종회에게 붙잡힌다. 장유·종회 두 사람의 반란은 후에 진압되지만 그 무렵 이미 등애는 살해당한 뒤였다.

미니지식

다양한 삼국지

『삼국지연의』는 중국에서 실화를 근거로 만든 이야기지만 이 길고 장엄한 내용 중에서 여러 가지 버전이 탄생했다. 여기서는 그런 여러 가지 삼국지에 대해 다루겠다. 아마 일본에서 가장 많이 읽힌 삼국지 소설은 요시카와 에이지가 쓴 『삼국지』 통칭 「요시카와 삼국지」가 아닐까. 이것은 기본적으로 『삼국지연의』의 이야기를 따르면서, 조조를 시작으로 등장인물들의 해석에 자기 나름대로의 아이디어를 담은 것으로, 보다 일본인 취향에 가까운 삼국지로 재탄생시킨다. 이것을 읽은 뒤에 정리되지 않은 상태의 삼국지를 읽으면, 색다른 분위기에 놀랄 것이다.

그 「요시카와 삼국지」를 만화화 한 것이 요코야마 미쯔테루의 『삼국지』다. 장대한 스토리를 전 60권이라는 어마어마한 권수에 걸쳐 훌륭하게 그려냈다. 「삼국지를 가장 처음 다룬 것은 소설이 아니라 만화다」라고 말하는 사람은 꽤 많지 않은가. 그에 반해, 우리나라에서는 이문열이 『연의』를 평역한 삼국지가 매우 인기를 끌었으며, 황석영 등이 각각 독특한 문체로 삼국지의 맛을 더했다.

이상, 거론한 두 나라의 삼국지는 원래 이야기와 같은 흐름과 같은 결말에 도달하지만, 재정비된 삼국지 중에는 전혀 다른 이야기를 그려놓은 것도 있다. 그 대표격으로 주대황周大荒의 『반反삼국지연의』가 있다. 이 삼국지에서는 최종적으로 천하를 통일하는 자는 유비다.

제갈량, 방통, 서서의 3대 군사를 얻은 그가 다른 영웅들을 물리친다고 하는, 촉나라를 생각하는 팬의 바람이 결실을 맺은 작품이라고 할 수 있다.

그 다음, 마지막으로 소개하고 싶은 또 하나의 작품은 키타카타 켄조의 『삼국지』이다. 이것은 특이하게도 연의가 아닌 실제 역사를 토대로 씌어진 작품으로 등장인물들의 조형造型에 있어서 다른 삼국지를 보지 않은 것 같이 재구성된 것이 특징이다.

거기에 등장하는 것이 영웅이라고 불리우는 인간미를 가진, 각각 삶의 방식을 일관하는 남자들이다. 삼국지의 새로운 지평을 연 작품이라고 해도 손색이 없는 작품이다.

이번에 거론한 작품 외에도 여러 가지 삼국지가 세상에는 존재한다. 여기에서는 주로 소설을 소개했기 때문에 원작과 내용이 크게 다른 것은 없었지만, 만화나 게임 중에는 전혀 상상도 할 수 없는 삼국지도 있다. 조금 더 관심을 가지고 찾아보면 재미있는 이야기를 찾을 수 있을지도 모른다.

부록

풍속(風俗) 옷(衣)

농민(農民)
짧은 옷을 입은 농민. 머리에 모자를 쓰고 손에는 농기구를 들고 매일 밭을 갈았다. 한나라가 시작될 무렵, 입는 옷의 색깔까지 정해졌다는 설화가 있다.

귀족여성(貴族女性)
옥(비취(翡翠)) 귀고리를 하고 머리에 꽃장식을 했다. 농민은 남녀의 복장이 거의 비슷했기 때문에 신분이 높은 여성에게 어울리는 복장이다.

"(文官)
느슨한 옷을 입은 문관. 이런 문관들은 종종 갓에 붓을 꽂았는데 그것은 높은 상관에게 말을 아뢸 때, 목간(木簡)에 적을 필요가 있었기 때문이었다.

머리 쓰개를 쓰는 이유
자고로 동양에서 머리카락은 「인간의 생명 에너지가 들어있는 곳」이라고 생각했다. 그래서 당시에(한국과 일본도 같음) 사람들은 반드시 상투를 틀어 관을 쓰거나 보자기로 엎거나 모자를 썼다. 특히 관은 신분이나 때와 장소에 따라 구분해서 사용했다.
※세계에서 가장 많은 종류의 모자를 썼던 민족이 한민족이었다.

신발의 재료는 마(麻)를 이용
발에 신는 것으로는 주로 마로 엮은 신발이 사용되었다. 그 외에도 비단으로 만든 것(발등 쪽에 빨간색이나 파란색 실을 사용해 문양을 그린 것도 있었다)이나 가죽으로 만든 것, 바닥은 나무로 대고 그 위에는 가죽으로

황제(皇帝)
황제의 옷이나 몸에 걸치는 것은 황제 전용으로, 신하가 같은 것을 몸에 걸치는 것은 조조와 같은 실질적인 권력을 가진 경우 뿐이었다.

병사(兵士)
무장과 비교하면 간단한 갑옷을 입고, 투구를 쓰고, 방패를 든 병사. 이런 갑옷은 우리의 삼국시대에도 도입되어 발전된 형태로 나타난다.

무장(武將)
작은 철판을 여러 개 잇댄 갑옷을 입은 무장. 이런 갑옷은 한나라 시대부터 입기 시작하여 제갈량이 개량했다는 이야기가 있다.

만든 것도 있었다. 또, 짚도 사용했으나, 한국과 일본의 짚신이 볏짚으로 만든 것에 비해, 이 무렵 중국의 짚신은 마로 만든 것이었다.

마직물이 주류를 이루다
의복은 상하의가 하나로 되어 있고 앞에서 묶는 「의(衣)」를 입거나, 짧은 옷을 입고 하의는 길게 입는 「상(裳)」을 입거나, 병대(兵隊)나 노동자 사이에서는 저고리 밑에 바지 「고(袴)」를 입었다. 「의」의 경우에는 옷깃과 소맷부리는 기본적으로 다른 종류의 직물을 섞어서 사용했다. 하나의 성질로 되어있는 것은 가장 품질이 낮은 것으로 취급했다. 모직물이나 솜은 일반적으로 사용되지 않았고, 주로 마직물이 사용되었다. 또한, 부자들을 위한 고급품으로는 비단이 사용되었다.

풍속(風俗) 음식

주요리(主菜)

고기류로는 돼지, 소, 양, 말, 개, 조류(닭 등)을 먹었다. 다만, 소나 말 등은 가축으로 유용했기 때문에 부유층이 아니면 먹을 수 없었다고 한다. 이것들은 보존식으로 말린 고기나 훈제로 가공되었다. 생선도 자주 먹었는데, 현대 중국과 다르게 회도 일반적 음식이었다. 중국에서는 「많은 사람들의 입에 오르내리다」는 말이 있는데, 「회(膾)」라는 것은 토막 고기나 회, 「자(炙)」라는 것은 불에 쬐어 구운 고기를 뜻한다. 또한, 특이한 것은 생선을 발효시켜 만드는 초밥류도 있었다.

주식(主食)

당시 먹을 수 있었던 곡식은 주로 쌀, 보리, 기장, 조 등이었다. 남쪽 지역에서는 쌀이 주식이었다. 다만, 밥을 지을 때에는 지금처럼 익혀서 먹지 않고, 쪄서 먹는 것이 일반적이었다. 한편, 북쪽 지역에서는 밀가루를 재료로 한 분식이 후한(後漢)의 후반경부터 일반적이 되었다고 한다. 먹는 방법은 수제비 외에 밀가루를 반죽해 구

연회의 풍경

고대중국 사람들은 식사할 때 테이블이나 의자를 사용하지 않았다. 바닥 위에 ㄷ자 모양으로 자리를 펴고 손님은 각자 마주보고 정면으로 앉았다. 흔히 말하는 「생일석」의 위치에는 대좌(臺座)가 놓여있어 주인이 앉았다. 상류계급 사람들의 연회에서는 현대와 마찬가지로 요리하는 사람을 포함한 하인들이 부지런히 일하고 있었는데 다른 점도 있었다. 예를 들어 어떤 신분이라도 초대한 주인이 술을 따른다는 것이 있었고 그것을 거절하는 것은 큰 실례였다. 연회 자리에서 술에 대해서는 식사 후에 마셨다고도 하고, 식사와 함께 마셨다고도 하는 설이 있지만 정확하지 않다. 하지만, 술기운을 깨기 위해 사탕수수를 갉아먹었다는 이야기가 전해져 내려오는 것을 보면, 지금 시대의 「마른 안주」 같은 것은 있었던 것 같다.

삼국시대의 간맞추기

이 시대, 요리에 사용된 조미료로는 우선 소금이 대표적이다. 바다에서 만든 소금 외에도 육지에서 나는 암염

운 전병이 대부분이었다. 이것은 흔히 말하는 전병이 아니라 빵에 가까웠는데 현재 중화요리에도 남아있다.

술(酒)
당시의 술은 쌀이나 잡곡을 갈아 으깨서 발효시켜 만든 「탁주」 종류가 대부분이었다. 그 외에 몇 번의 숙성을 반복해서 만든 청주 등이 있었다. 하지만, 증류하지 않은 술부터 전체적으로 알콜 도수는 꽤 낮았다고 한다.

면류(麵類)
삼국시대에도 면류는 있었지만 만드는 법이 현재의 국수·라면 등과는 많이 달랐다. 밀가루에 물을 넣어 반죽해 손가락으로 쭉쭉 늘려 떼어 뜨거운 물에 담근다. 지금의 수제비 같은 형식.

과일(果物)
복숭아, 자두, 대추, 살구, 밤(이 다섯 개를 총칭하여 오과(五果)라고 부른다), 배, 매실, 비파 등을 주로 먹었다. 그 외에도 석류, 호두, 포도 등이 서쪽지역으로부터 바나나와 야자나무 열매 등이 남쪽지역에서 반입되었다.

식기(食器)
다리가 달린 밥상 위에 접시나 잔 등의 식기가 늘어져 있다. 목재나 토기는 서민들이 쓰는 물건이었고, 부유층에서는 도자기나 칠기, 때로는 유리, 옥(비취)까지도 사용했다.

(岩鹽) 등이 사용되었다. 그 외에는 장(고기나 건어물로 만든 조미료로, 간장보다 된장에 가깝다)이나 식초, 더우츠(콩으로 만든 된장) 등이 있고, 고추는 아직 전해지지 않았다. 간을 맞추기 위한 것으로는 설탕은 사용되지 않았고 물엿과 비슷한 엿이나 꿀 등이 사용되었다.

중화요리의 성립시기
현대의 중화요리는 「불꽃의 요리」라는 통칭에서 알 수 있듯이 강한 화력을 사용하는 것이 특징으로 볶음이나 튀김 등을 떠올리는 사람이 많을 것이다. 그런데, 실제 삼국시대의 요리는 그런 이미지와는 꽤 거리가 멀어서, 삶은 요리나 스프, 직화구이 등이 일반적이었다. 매우 적은 양의 기름으로 익힌 것은 있었지만, 그것은 역시 특이한 사례이다. 이유는 화로나 아궁이 등에서 센 화력을 얻을 수 없었고, 조리도구가 토기였기 때문이다. 볶음이 중화요리에 보급된 것은 화로나 아궁이가 등장하고, 센 화력을 견딜 수 있는 철제 냄비나 가마가 등장하는 북송(北宋)이나 남송(南宋)시대 무렵이다.

풍속(風俗) 주(住)

감시대
감시를 위한 탑 중에는, 노(弩)를 비치한 것도 있었다. 적이 쳐들어오거나 할 때, 실제로 감시대를 사용했음이 틀림없다.

주방(台所)
오른쪽 가장자리에 있는 것은 요리를 하기 위한 취사장이지만 한가운데 있는 것은 고기를 건조시키기 위한 장대이다. 이런 장대에 고기가 몇 개씩 걸려있는 것이 당시 주방의 풍경이었다.

모실(母室)
기와를 늘어놓은 이중 울타리와 감시대로 지키고 있는 것이 이 저택의 모실이다. 보는 것과 같이 훌륭한 방법으로 지은 건물이지만, 신분이 낮고 가난한 계층의 집은 당연히 보다 간소한 건물이었다. 또한, 이 모실은 일층건물이었지만, 이층건물도 존재했다고 하는데, 일층은 돼지나 가축을 기르는 장소, 이층은 주거장소라고 하는 농민의 집(아마도 부유한 농민이었을 것이다)이 있었다고 하는 자료가 있다.

부유층의 건물
이 페이지의 그림은 마침 삼국시대 성도(成都; 촉의 수도)의 한 저택을 그린 그림을 바탕으로 옮긴 일러스트이다. 삼국시대의 건물이 어떤 구조를 하고 있었는지, 분위기를 파악하는데 큰 도움이 되지 않겠는가.
이중으로 된 벽이나 감시용 탑 등, 명백하게 이 저택의 주인은 부유층이라는 것을 알 수 있다. 당시는 전란의 시대로 분위기가 뒤숭숭했기 때문에 이런 대저택을 가진 부호들은 감시 탑을 세우는 등 자신을 방어하기 위한 수단을 생각한 것이다.
예를 들어, 건물 안에 전용 우물이 있는 것도 그 증거 중 하나다. 보통 우물은 여러 집이 공동으로 사용하기 때문이다. 이 중에는 당시 두레박을 비치한 형식의 우물도 있었다.

건축명기(建築明器)

고대 중국에는 죽은 자의 영혼을 달래기 위한 부적으로 그 사람이 살아있을 때 사용했던 것을 본뜬 미니어쳐 등을 묻어주는 풍습이 있었다. 그런 미니어쳐는 명기(明器)라고 불렸다. 이 중에는 「건축명기」라는 건물의 모습을 본뜬 도자기가 있다. 어디까지나 죽은 자를 위한 것이기 때문에 내부구조는 실제와 많이 다르지만, 외견은 꽤 비슷하기 때문에 당시의 건물이 어떤 형태를 하고 있었는지 알 수 있는 좋은 자료가 되고 있다.

인물사전

위(魏) 가후(賈詡)

생몰 147 ~ 223　　**이름(자)** 문화(文和)　　**출생지** 무위군 고장현(武威郡姑藏縣)

우선 이각과 곽사의 책사로 여러 가지 계략을 세워주지만 그 둘에게 조조한테 항복할 것을 권했으나, 듣지 않아 붙잡혀서 처형 당한다. 그 후에는 장수를 섬기면서 조조를 두 번이나 쳐부수고 조조의 밑으로 들어간 뒤로는 그를 위해 일한다. 위나라가 마초와 한수 연합군과 싸울 때 이간질로 두 사람 사이를 멀어지게 하여 승리하는 등 군사로서 활약한다.

위(魏) 곽가(郭嘉)

생몰 170 ~ 207　　**이름(자)** 봉효(奉孝)　　**출생지** 영천군 영음현(潁川郡潁陰縣)

조조를 섬기던 군사. 그의 판단은 정확해서 원소군의 내부 사정을 끝까지 꿰뚫어 보고 조조에게 출병을 권유해 승리하고 기세등등한 손책에 대해「언젠가 풋내기에게 살해당한다」고 예언한다. 하지만 사막 오지에서 풍토병에 걸려 죽는다. 후에 적벽대전에서 조조는「곽가가 있었더라면 지지 않았을텐데」라고 탄식한다.

위(魏) 사마사(司馬師)

생몰 208 ~ 255　　**이름(자)** 자원(子元)　　**출생지** 불명(不明)

사마의의 첫째 아들. 그가 마속의 계책으로 지위를 잃었을 때, 동생과 함께 다시 조정으로부터 복귀할 것을 예측했다. 아버지가 죽은 뒤에는 대신해서 위나라의 실권을 장악하고, 독선적 행동을 계속했다. 하지만 반란군과 싸우던 중에 눈 밑에 혹이 생겨 이것이 악화되어 결국 안구가 튀어나와 숨을 거둔다.

위(魏) 사마소(司馬昭)

생몰 211 ~ 265　　**이름(자)** 자상(子尙)(실제 역사에서는 자상(子上))　　**출생지** 불명(不明)

사마의의 둘째 아들. 형의 뒤를 이어받아 위나라의 실권을 장악한다. 당시의 황제 조모를 전혀 두려워하지 않고, 조모가 자기를 제거하기 위해 적은 수로 병사를 일으키려고 하자 일거에 제압한다. 게다가 등애와 종회의 활약으로 촉나라를 명망시키고 진나라 왕의 자리에 앉는다 하지만 느닷없이 병에 걸려 순식간에 위독해져 세상을 떠난다.

위(魏) 서서(徐庶)

생몰 ?　　**이름(자)** 원직(元直)　　**출생지** 영천군(潁川郡)

단복(單福)이라 칭하고 유비를 섬긴 최초의 군사. 소수의 유비군사로 조인의 많은 군사들을 무찌르는 활약을 한다. 하지만 그 정체를 눈치 챈 조조가 그의 어머니의 이름을 사칭하여 편지를 보내자, 유비의 곁을 떠난다. 이후 조조를 따르지만 조조를 위한 전략은 세우지 않겠다고 맹세했다. 적벽에서는 「연환지계」를 간파했으면서도 방통을 못본 척하고 눈감아 준다.

위(魏) 서황(徐晃)

생몰 ? ~ 227　　**이름(자)** 공명(公明)　　**출생지** 하동군 양현(河東郡楊縣)

큰 도끼를 주무기로 사용했던 무장. 원래 양봉이라는 장군의 부하였는데 옛 친구에게 설득당해 조조를 섬기게 된다. 관우와는 그가 조조를 섬기던 시대에 친해졌으나 형주에서 대치했을 때는 「사사(私事; 개인적인 우정) 때문에 국사(國事; 전쟁)을 망칠 수는 없다」라고 말하며 관우와 싸운다.

위(魏) 순욱(荀彧)

생몰 163 ~ 212　　**이름(자)** 문약(文若)　　**출생지** 영천군 영음현(潁川郡潁陰縣)

조조가 자신의 장량(張良; 한제국을 건설한 유방을 섬겼던 참모이다)이라고 평할 정도의 명참모(名參謀). 조조를 위해 여러 가지 전략을 세웠으며, 대표적인 것이 유비에게 사용한 「이호경식지계」와 「구호탄랑지계」다. 하지만 조조가 위나라의 왕이 되고자 할 때는 반대한다. 이로 인해 조조와의 관계가 악화되어 결국 자살한다.

위(魏) 악진(樂進)

생몰 ? ~ 218　　**이름(자)** 문겸(文謙)　　**출생지** 양평군 위국현(陽平郡衛國縣)

일찍부터 조조를 섬기던 무인. 조조가 싸운 주요한 전투의 대부분에 참가하여 공적을 쌓는다. 적벽대전에서는 좌익(左翼)을 지켰지만 대패하고, 이후에는 장료, 이전과 함께 합비를 수비한다. 합비로 손권이 공격해 왔을 때, 이 세 명이 대항하지만 장료와 이전의 뜻이 맞지 않아 중재하게 된다.

위(魏) 양수(楊修)

생몰 175 ~ 219　　**이름(자)** 덕조(德祖)　　**출생지** 사례홍농군화음현(司隸弘農郡華陰縣)

조조를 섬기던 문관. 기지와 재능이 뛰어나 한중전투에서의 「계륵」 일화를 시작으로 조조의 사소한 행동에서도 그 심중을 읽어 냈다는 이야기를 가진 인물. 하지만 머리가 너무 좋아 앞서 가다가 오히려 조조에게 미움을 받아 「계륵」 사건으로 화가 머리 끝까지 난 조조에 의해 처형당한다.

위(魏) 우금(于禁)

생몰 ? ~ 221　　**이름(자)** 문칙(文則)　　**출생지** 태산군(太山郡)

뛰어난 무공을 자랑하며 일찍이 조조를 섬기던 군인. 하지만, 관우가 양양을 공격해 왔을 때 지원군으로 출진하지만 패배하고, 거기에서 목숨을 구걸하여 목숨을 건졌기 때문에(같은 동료 방덕은 조조에 대한 충의를 표하고 관우에게 끝까지 싸우다 전사한다) 그 명성에 금이 간다. 후에 위나라로 돌아가지만 조비에게 독설을 듣고 창피하여 병을 얻어 쓰러진다.

위(魏) 이전(李典)

생몰 181? ~ 216?　　**이름(자)** 만성(曼成)　　**출생지** 산양군(山陽郡)

조조가 반동탁 의병을 모으고 있었을 때부터 부하였다. 조조의 주요한 무장 중 한 명으로 많은 전투에 참가했고 적벽대전 후에는 장료, 악진과 함께 합비를 수비한다. 하지만 손권이 공격해 왔을 때, 장료와 사이가 좋지 않았기 때문에 악진의 중재와 장료의 호통으로 사사로운 감정을 버리고 그를 따른다.

위(魏) 전위(典韋)

생몰 ? ~ 197　　**이름(자)** 불명(不明)　　**출생지** 진류군 시오(陳留郡巳吾)

힘이 장사. 산에서 호랑이를 쫒던 중 하후돈에게 발견되어 조조의 신하가 된다. 조조가 장수의 참모인 가후의 꾀로 자고 있는 사이에 습격당했을 때는, 그를 대피시키기 위해 사자와 같이 무서운 기세로 싸워 훌륭하게 주군을 피신시킨다. 하지만, 그 자신은 전력을 다한 나머지 수많은 창에 찔려 숨을 거둔다. 그것을 안 조조는 전위를 위해 눈물을 흘렸다.

위(魏) 정욱(程昱)

생몰 141 ~ 220　　**이름(자)** 중덕(仲德)　　**출생지** 동군 동아(東郡東阿)

순욱의 추천으로 조조를 섬기고 여러 가지 전략을 세운 인물. 원소와의 전투에서 열 개 부대의 복병을 배치하는 「십면매복지계(十面埋伏計)」를 제안하고 훌륭하게 승리를 거둔다. 그 외에도 단복의 정체를 간파하고 적벽대전에서는 불로 공격하는 계획의 위험성을 서둘러 조조에게 간언하며, 황개의 거짓 투항을 전달하지만 패배를 막을 수는 없었다.

위(魏) 제갈탄(諸葛誕)

생몰 ? ~ 258　　**이름(자)** 공휴(公休)　　**출생지** 낭사군양도현(琅邪郡陽都縣)

제갈량의 사촌이었기 때문에 위나라를 섬기고 있으면서도 중요한 인물로 취급받지는 못했다. 사마소가 전횡(專橫)을 반대하는 자들을 제압했을 때 요주의 인물로 찍혀 후에 오나라에 협력을 구해 군사를 일으킨다. 반란군은 진압되지만, 그의 수백명의 직속 부하들은 항복을 거부하고 제갈탄을 위해 죽는다.

위(魏) 조상(曹爽)

생몰 ? ~ 249　　**이름(자)** 소백(昭伯)　　**출생지** 불명(不明)

제갈량과 맞서 싸운 조진의 아들. 사마의와 함께 조예의 후사를 부탁받아, 조방을 섬긴다. 처음에는 그가 늘 사마의에게 논의하는 형식이었지만, 부하로부터 조언을 받고 사마의를 실권이 없는 직책으로 쫓아낸다. 하지만, 방심한 틈에 사마의의 반격을 받고, 항복하지만 처형당한다.

위(魏) 조식(曹植)

생몰 192 ~ 232　　**이름(자)** 자건(子建)　　**출생지** 패국초현(沛國譙縣)

조조의 셋째 아들. 시인으로 재능이 풍부하여 조조에게 사랑받았다. 하지만 조조는 후계자로 장남인 조비를 선택한다. 조식은 아버지의 장례식에 나타나지 않고 그것을 이유로 처형당할 뻔 하지만, 조비가 낸 어려운 문제에 잘 대답하여 목숨은 건진다. 그 시적 재능은 후세에도 널리 알려져, 이백과 두보가 등장하기 전 시성(詩聖)이라 하면 그를 일컫는 말이다.

위(魏) 조예(曹叡)

생몰 204 ~ 239　　**이름(자)** 원중(元仲)　　**출생지** 불명(不明)

조비의 첫째 아들로 위나라의 2대 황제. 가해오는 압력을 촉나라와 오나라에 맞춰 잘 대처한다. 하지만 제갈량이 오장원에서 쓰러진 후에는 정신이 나간 것인지 술과 계집, 궁전조영(宮殿造營; 궁전신축과 건설)에 빠져 지낸다. 병으로 쓰러지자 사마의를 불러 아들 조방에게 「사마의를 아버지라고 생각하고 잘 따르라」는 말을 남기고 죽는다

위(魏) 조휴(曹休)

생몰 ? ~ 228　　**이름(자)** 문열(文烈)　　**출생지** 불명(不明)

조비가 쓰러졌을 때 후사를 부탁한 신하 중 한 명. 이때 대사마의 자리를 맡게 되어, 마속의 책략으로 사마의가 물러나는 대신 옹주(擁州)와 양주(凉州)의 병마총독(兵馬總督)이 된다. 또한, 오나라의 책략에 빠져 부하의

말을 무시하고 출병하여 쓴 맛을 본다. 이때 후회로 병을 얻어 죽고 만다.

위(魏) 종회(鐘會)

생몰 225 ~ 264　　**이름(자)** 사계(士季)　　**출생지** 영천군 장사현(潁川郡長社縣)

하후패가 촉나라를 따르기로 하면서 주의해야 할 인물로 등애와 함께 이름이 거론된 무장. 실제로 나중에 등애와 종회는 군사를 이끌고 촉나라를 멸망시킨다. 하지만, 두 사람 사이에 불화가 생긴 것을 알아챈 강유는 그 둘을 부추겨 등애를 붙잡아 묶고 반란을 꾀한다. 결국 부하 장수들이 따르지 않기 때문에 야망을 이루지 못한 채 죽는다.

위(魏) 하후돈(夏侯惇)

생몰 ? ~ 220　　**이름(자)** 원양(元讓)　　**출생지** 패국 초현(沛國譙縣)

조조의 친척으로 사촌 하후연과 함께 조조군에 참가한다. 여포와 싸웠을 때 왼쪽 눈에 활을 맞고 「부모로부터 물려받은 것을 버려서는 안된다」고 빠진 눈알을 삼켜버린다. 이후 외눈박이 맹장으로서 많은 전투에서 활약한다. 조조가 죽을 때 그도 관우의 영혼을 보고 마찬가지로 병을 얻어 쓰러져 죽는다.

위(魏) 허저(許褚)

생몰 ?　　**이름(자)** 중강(仲康)　　**출생지** 초국 초현(譙國譙縣)

조조군의 맹장 전위와 하루를 꼬박 싸운 괴력의 무장. 조조가 그것을 보고 탐을 내 계략을 써서 부하로 삼는다. 마초가 밀고 들어 왔을 때 마초군을 혼자 막아내고, 마초를 맞아 일전을 벌인다. 조조가 위급하게 되었을 때도 허저가 튀어나와 조조를 구한다. 한중의 회전(會戰)에서 술을 과하게 먹고 싸우다 부상을 당하는 바람에 죽는다.

촉(蜀) 관평(關平)

생몰 178 ~ 219　　**이름(자)** 불명(不明)　　**출생지** 불명(不明)

실제 역사에서는 관우의 첫째 아들이지만 『연의』에서는 하북에 사는 관정(關定)의 둘째 아들로, 관우의 양자가 된다. 이후에는 마찬가지로 유비의 양자 유봉과 함께 활약한다. 유비가 익주를 점령한 뒤에는 아버지와 함께 형주를 지키지만, 여몽에게 붙잡혀 처형당한다. 죽은 뒤, 관제(關帝; 관우)를 따르는 신으로서 마찬가지로 신격화된다.

촉(蜀) 관흥(關興)

생몰 ? ~ 234　　**이름(자)** 안국(安國)　　**출생지** 불명(不明)

관우의 아들. 실제 역사에서는 눈에 띄는 기록은 없으나 『연의』에서는 아버지의 유품인 청룡언월도를 휘두른다. 유비가 관우의 원수를 갚으려 오나라를 공격할 때, 장비의 아들 장포와 함께 선봉을 겨루며, 유비의 지시로 한 살 많은 장포가 형이 되어 의형제를 맺는다. 이후, 관우의 영혼이 그들을 구해주고 촉나라의 장수로서 활약한다.

촉(蜀) 동윤(董允)

생몰 ? ~ 246　　**이름(자)** 휴소(休昭)　　**출생지** 불명(不明)

유비가 죽은 뒤에 촉나라를 섬긴 신하 중 한 명. 「출사표」에서 충실한 인격을 평가받아 제갈량은 유선에게 궁중의 일, 더 나아가서는 정치에 대해서도 그에게 조언을 구하도록 추천한다. 그 뒤에 그는 죽지만, 나중에 촉나라가 멸망하는 원인 중 하나가 되는 환관인 황호를 눈엣가시로 여기고 그 위험성을 드러내어 말하였다.

촉(蜀) 등지(鄧芝)

생몰 ? ~ 251　　**이름(자)** 백묘(伯苗)　　**출생지** 형주 남양군 신야(荊州南陽郡新野)

유장을 섬기다가 유비가 익주를 지배하자 유비를 섬긴 인물. 유비가 죽은 뒤 위나라가 공격해 왔을 때 제갈량의 눈에 띄어 사자로서 오나라에 보내진다. 공명은 전략을 위해서 오나라와의 재동맹이 필요했기 때문이다. 등지는 이 기대에 부응하여 당당하게 손권을 대해 그의 신뢰를 얻는데 성공한다.

촉(蜀) 마량(馬良)

생몰 187 ~ 222　　**이름(자)** 계상(季常)　　**출생지** 양양군 선성현(襄陽郡宣城縣)

각자 뛰어난 재능을 가진 마씨 오형제 중에서도 가장 뛰어났는데, 그의 눈썹이 희었기 때문에 「백미」라는 단어가 탄생했다. 마속은 그의 동생이다. 유비에게 형주 남부의 네 개의 군(郡)을 점령하도록 조언했으며, 그 때부터 그를 섬기게 되었다. 제갈량이 남만정벌을 할 무렵에는 이미 그가 죽은 뒤였다.

촉(蜀) 마속(馬謖)

생몰 190 ~ 228　　**이름(자)** 유상(幼常)　　**출생지** 양양군 선성현(襄陽郡宣城縣)

마량의 동생. 제갈량은 그를 후계자로 아꼈다. 그 자신도 남만정벌이나 사마의를 자리에서 물러나게 하는 등 좋은 활약을 한다. 그런데 가정을 수비하고 있을 때, 너무 도에 넘치는 생각으로 산 위에 진을 치고 있다가 물 공급이 끊겨 패배한다. 이 실패 때문에 승리를 눈 앞에 두고도 모든 계획이 수포로 돌아가 처형당한다. 또한, 유비는 유언으로 「그는 말 뿐이고 실력은 없으니까 중요한 직책을 맡기지 마라」라는 말을 남겼었다.

촉(蜀) 마초(馬超)

생몰 176 ~ 222　　**이름(자)** 맹기(孟起)　　**출생지** 부풍군 무릉현(扶風郡茂陵縣)

당당한 용모로부터 「금마초(錦馬超)」라는 두 개의 이름으로 알려진 맹장. 마등의 아들로 아버지가 조조에게 살해당했을 때 격분하여 병사를 일으킨다. 동맹을 맺은 한수와 함께 활약하며 조조를 혼비백산하게 하지만 계략에 빠져 패하고, 장로에게 의지한 뒤에 유비에게 귀순한다. 촉나라에서의 평가도 높아서 오호대장(五虎大將)(장군(將軍)) 중 한 사람으로도 속한다. 아깝게도 젊은 나이에 죽는다.

촉(蜀) 맹달(孟達)

생몰 ? ~ 228　　**이름(자)** 자경(子慶)(실제 역사에서는 자경(子敬), 후에는 자도(子度))　　**출생지** 남안군(南安郡)

촉나라의 유장을 섬기다가 그가 가망이 없다고 생각해 유비를 섬기게 된 사람 중 하나. 후에 유봉과 함께 상용(上庸)의 일대를 지키게 되지만 관우로부터의 지원 요청을 거절해서 설 자리가 없어진다. 그래서 위나라와 내통하여 조비의 신뢰를 얻지만 조비가 죽은 뒤에 촉나라로 돌아가려고 한다. 하지만 사마의에게 공격 당해 죽는다.

촉(蜀) 미축(麋竺)

생몰 ? ~ 221　　**이름(자)** 자중(子仲)　　**출생지** 동해군(東海郡)

서주의 도겸을 따르다가 궁지에 몰렸을 때 구해 준 유비가 뒤를 잇자 유비를 따른다. 여포가 서주로 왔을 때는 그를 맞아들이지 말도록 유비에게 조언하지만 유비는 듣지 않았고, 유비가 없는 서주를 지키던 장비에게 술을 마시지 말도록 주의를 준다. 유비와 헤어지고 서주에 남아 있었지만, 유비가 여포를 무찌르자 다시 합류해서 그를 섬긴다.

촉(蜀) 방덕(龐德)

생몰 ? ~ 219　　**이름(자)** 영명(令明)　　**출생지** 남안군(南安郡)

원래는 마초의 부하로 조조와 싸울 때 마초 옆에서 활약했다. 하지만 한중이 함락되었을 때 병에 걸려 마초가 유비에게 귀순했을 때 동행하지 못한다. 나중에 장로를 위해 조조와 싸우지만 항복하고, 위나라의 장군으로 관우와 싸운 끝에 붙잡혀, 목숨을 구걸하지 않고 처형당한다.

촉(蜀) 법정(法正)

생몰 176 ~ 220　　**이름(자)** 효직(孝直)　　**출생지** 불명(不明)

장송과 함께 유비를 촉나라에 불러들이도록 작전을 꾸며 사자 역할을 한다. 유비와 유장의 대면에 앞서, 방통과 함께 여기에서 유장을 죽이자 제안하지만 유비는 고개를 젓는다. 유비가 촉나라를 점령한 뒤에는 촉군(蜀郡)의 중신이 되어 한중 공격 때에도 유비의 옆을 지키는 등 중요한 요직을 맡는다.

촉(蜀) 비위(費褘)

생몰 ? ~ 253　**이름(자)** 문위(文偉)　**출생지** 형주 강하군(荊州江夏郡)

촉나라의 유장을 섬기고 계속해서 유비에게도 채용된다. 제갈량이 유언으로 장완의 다음 후계자로 지명해서 그가 죽은 뒤에 촉나라의 정치를 맡아 내정을 충실하게 한다. 공명에 이어 북벌을 주창한 강유를 「승상(제갈량)조차 하지 못한 일을 어찌하여 우리가 할 수 있겠는가」라며 만류한다.

촉(蜀) 양의(楊儀)

생몰 ? ~ 235　**이름(자)** 위공(威公)　**출생지** 불명(不明)

유비가 죽은 뒤 유선 대에 제갈량을 도와 사무적인 일을 보좌했던 장군. 제갈량이 죽은 뒤, 위연이 병사를 일으키자, 생전에 제갈량에게 부탁받은 작전대로 행동하여 위연의 반란을 제압한다. 하지만, 자신이 아닌 장완이 제갈량의 후계자가 된 것에 불만을 가지고, 서민 신분이 되자 이것을 부끄럽게 여겨 자살한다.

촉(蜀) 엄안(嚴顏)

생몰 153 ~ ?　**이름(자)** 불명(不明)　**출생지** 불명(不明)

파군의 관리로 유장을 섬기고 있던 노장. 유비가 촉나라에 오는 것을 반대하고 「호랑이를 풀어 놓는 것과 같다」고 탄식한다. 실제로 유비가 공격해 왔을 때는 유비군을 고전케 했으며, 장비와 대적하지만 그의 책략에 패하여 항복한다.

촉(蜀) 왕평(王平)

생몰 ? ~ 248　**이름(자)** 자균(子均)　**출생지** 파서군 탕거현(巴西郡宕渠縣)

원래는 위나라의 장군이었지만, 한중전투에서 동료인 서황과 사이가 틀어져 살해당할 뻔한다. 상황을 살피던 왕평은 선수를 쳐서 서황의 진지에 불을 붙이고 촉나라군에게 투항한다. 이때의 무용은 마치 조운의 장판파 전투를 연상케 한다. 이후에는 남만인 제압이나 북벌을 할 때 촉나라의 장군으로 참가한다. 또한, 제2차 북벌에서 마속이 산 위에 포진할 때 만류하지만 마속은 귀담아 듣지 않는다.

촉(蜀) 요화(廖化)

생몰 189? ~ 264　**이름(자)** 원검(元劍)　**출생지** 형주 양양군(荊州襄陽郡)

황건적의 남은 무리. 관우가 홀로 오관육참행을 할 때 만나서 부하가 되고 싶다고 요청했으나 거절당하고 후에 서촉을 공격할 때 겨우 관우의 부하가 된다. 그 이후 관우의 아래에서 싸우지만 관우가 위험할 때 지원군을 요청하기 위해 성도로 달려가지만 이미 때는 늦었다. 그 후에도 계속해서 촉나라에 남아 싸우다가 촉의 멸망까지 본 장수 중 한 명이다.

촉(蜀) 유봉(劉封)

생몰 190? ~ 220　**이름(자)** 불명(不明)　**출생지** 불명(不明)

유비의 양자. 친자인 유선과는 달리 무장으로서 많은 활약을 했다. 형주에서의 전투나 촉나라 공격에서는 관우의 양자인 관평과 짝을 이뤄 무공도 발휘했다. 하지만, 관우가 궁지에 몰렸을 때 맹달에게 설득 당해 병사를 내주지 않고, 관우를 못본 척한다. 그래서 매우 화가 난 유비는 그를 잡아 처형해 버린다.

촉(蜀) 유장(劉長)

생몰 162? ~ 219　**이름(자)** 계옥(季玉)　**출생지** 불명(不明)

후한 때부터 서촉 땅의 주인. 한중의 장로에게 협박 당해, 장송의 충고에 따라 유비를 촉나라로 불러들인다. 하지만 장송은 이미 그에게 더 이상 가망이 없다고 생각하여 유비를 촉나라의 주인으로 삼을 작정이었다. 부하에게 배신 당한 그는 유비가 공격해 왔을 때 장로에게 지원을 요청하지만 순조롭게 진행되지 않고, 성도를 포위당해 항복하고 만다.

촉(蜀) 이엄(李嚴)

생몰 ? ~ 234　**이름(자)** 정방(正方)　**출생지** 남양군(南陽郡)

유장을 섬기던 장군. 유비가 촉나라를 공격할 때 격하게 싸웠지만 항복 후에 유비에게 극진한 대접을 받고 유비가 죽은 뒤 후사를 부탁받는다. 하지만, 북벌 때 식량 운송에 애를 먹어 실패를 숨기고자 거짓말을 했다가 낮은 신분으로 전락한다. 제갈량이 죽었을 때는 자신에게 기회를 줄 사람이 없어진 것을 탄식하며 죽었다.

촉(蜀) 이적(伊籍)

생몰 ? **이름(자)** 기백(機伯) **출생지** 산양군(山陽郡)

원래는 형주(荊州) 유표의 손님이었는데, 자기를 믿었던 유비에게 몇 차례 좋은 조언을 한다. 불길한 말 적노의 일이나 마량 형제의 일을 가르쳐 주기도 하고 유표가 죽은 뒤 형주를 손에 넣도록 추천하기도 했다. 그 후에는 유비를 섬기고 유비가 없는 형주를 지키고, 관우가 위험할 때 지원군을 요청하는 사자 역할을 하지만 때는 이미 늦었다.

촉(蜀) 장송(張松)

생몰 ? ~ 213 **이름(자)** 영년(永年)(실제 역사에서는 자교(子喬)) **출생지** 불명(不明)

키가 작은데다가 덧니에 콧대도 낮아서 겉모습이 못생긴 인물이었지만 말솜씨는 뛰어났다. 유장을 섬기고 장로의 위협으로부터 벗어나기 위해 조조를 방문하지만 차가운 대접만 받는다. 그리고 이어서 방문한 유비의 행동에 감동하여 그에게 촉나라를 맡기겠다고 결심한다. 하지만 계획이 자기 형에게 발각되면서, 처자식과 함께 처형당한다

촉(蜀) 장완(將琬)

생몰 ? ~ 246 **이름(자)** 공염(公琰) **출생지** 영릉군상향현(零陵郡湘鄉縣)

유비가 죽은 뒤에 촉왕조를 섬긴 사람 중 하나. 제갈량에게 촉나라의 내치 쪽의 후계자로 지명받아, 기대에 부응해 촉나라의 국력을 충실하게 길러나간다. 위연이 반란을 일으키고 동료에게 죄를 뒤집어 씌웠을 때 그것을 알아채고 다시 제갈량이 대책을 준비하고 있을 것이라고 생각했으며, 실제로 위연은 마대에게 처형 당한다. 그가 죽은 뒤에는 비위가 뒤를 잇는다.

촉(蜀) 장포(張苞)

생몰 ? **이름(자)** 불명(不明) **출생지** 불명(不明)

장비의 아들. 실제 역사에서는 눈에 띄는 기록이 없다. 『연의』에서는 아버지에게 물려받은 사모를 사용한다. 유비가 관우의 원수를 갚으려고 오나라를 공격할 때, 관우의 아들 관흥과 선봉을 다투는데 유비의 중재로 1살 많은 장포가 형으로 삼고 의형제를 맺는다. 이후, 그와 함께 활약하지만 북벌 때 계곡에서 굴러 떨어져 입은 상처가 원인이 되어 죽는다.

촉(蜀) 주창(周倉)

생몰 208~255 **이름(자)** 자원(子元) **출생지** 불명(不明)

관우를 섬겼던 무장. 실제 역사에는 존재하지 않는 가공의 인물이다. 원래 황건적이었지만 관우를 존경하게 되어 그가 유비와 합류하기 위해 이동하는 도중에 만나 그를 섬기기로 한다. 관우의 죽음을 알고 스스로 목숨을 끊는다. 죽은 뒤, 관령(關靈). 관우를 따르는 신으로서 마찬가지로 신격화된다.

촉(蜀) 황호(黃皓)

생몰 ? **이름(자)** 불명(不明) **출생지** 불명(不明)

촉나라 황제 유선의 총애를 받은 환관. 위나라에게 뇌물을 받아먹고 북벌의 전선에 있는 강유를 다시 돌아오도록 불러들이고 유선에게 무녀의 신탁을 듣고 정치를 하게 했으며, 군대의 파견을 방해하는 등, 촉나라가 멸망하는 큰 원인을 준 작자이다. 촉나라가 멸망했을 때, 우선 뇌물로 목숨을 연명하지만 나중에 몸이 5조각 나도록 처형당한다.

오(吳) 감령(甘寧)

생몰 ?~222 **이름(자)** 흥패(興覇) **출생지** 익주 파군 임강현(益州巴郡臨江縣)

해적 출신의 무장. 그 전에 저지른 잘못을 후회하고 유표의 부하 황조를 따르지만, 그를 중요한 인물로 취급하지 않았기 때문에 손권을 따른다. 옛날에 능통의 부친을 죽였기 때문에 오랫 동안 사이가 나빴지만, 후에 감령이 능통의 목숨을 구해주면서 화해한다. 이릉전투에서는 병에 걸렸음에도 불구하고 무리하게 출진하다 적장이 쏜 화살을 머리에 맞고 죽는다.

오(吳) 노번(盧翻)

생몰 164~233　**이름(자)** 중번(仲翻)　**출생지** 회계군 여요(會稽君余姚)

회계군(會稽郡)의 문관으로 있었다. 왕랑의 신하로서 그를 섬기다가 그에게 손책의 밑으로 늘어살 것을 권하지만 손책에게 무시당한다. 그 후, 손권를 섬긴다. 적벽대전 때 제갈량과 논쟁을 준비했지만 정작 끽소리도 못했던 한 명. 또한, 오나라가 관우를 무찔렀을 때 형주를 지키고 있던 장군을 설득해서 항복하게 한다.

오(吳) 능통(凌統)

생몰 189 ~ 237?　**이름(자)** 공적(公績)　**출생지** 불명(不明)

손책, 손권 2대에 걸쳐 그들을 섬긴 능조의 아들로서 그 역시 오나라의 무장으로 활약했다. 능조를 죽인 뒤에 손권을 따랐던 감령과는 사이가 나빠서, 승리를 축하하는 자리에서도 서로 죽이려고 덤빈 적도 있었다. 하지만 위나라와의 전투에서 궁지에 몰렸을 때 감령에게 도움을 받아 그 이후에는 원한을 버리고 친하게 지내게 된다.

오(吳) 대교(大喬)

생몰 ?　**이름(자)** 불명(不明)　**출생지** 불명(不明)

교현(喬玄)이라는 자의 딸로 손책의 아내. 실제 역사에서는 대교(大橋)라고 쓴다. 동생이자 주유의 아내인 소교와 함께 절세미녀로 꼽히며 강남의 2교라 불렸다. 조조는 이 둘을 동작대에 살게 하여 자신의 시중을 들게 하는 것이 꿈이었다. 손책이 쓰러졌을 때, 그녀를 불러 「네 여동생의 남편인 주유에게 뒤를 맡긴다고 전하라」는 유언을 남긴다.

오(吳) 소교(小喬)

생몰 ?　**이름(자)** 불명(不明)　**출생지** 불명(不明)

교현(喬玄)이라는 인물의 딸로, 주유의 아내. 실제 역사에서는 소교(小橋)라고 쓴다. 언니이자 손책의 아내 대교(大喬)와 함께 절세미녀로 꼽히는데, 조조는 이 두 사람을 동작대(銅雀台)에 살게 하며 자신의 시중을 들게 하는 것이 꿈이었다. 이것을 제갈량으로부터 들은 주유는 매우 분노하여 전투를 결심하고, 오나라는 적벽대전를 위해 움직인다.

오(吳) 손부인(孫夫人)[손인(孫仁)]

생몰 ?~249　**이름(자)** 소백(昭伯)　**출생지** 불명(不明)

손권의 여동생으로 괄괄한 여장부 성격. 유비와 가까운 관계를 만드는 책략으로 그와 결혼하게 된다. 그런데 손부인은 유비가 마음에 들었고 조운의 활약까지 더해져 결혼하여 형주로 건너간다. 후에 손권의 책략에 의해 오나라로 돌아오는데, 이릉 전투에서 유비가 죽었다는 소식을 듣고(이 시점에서 그 정보는 허위정보였다) 자살한다.

오(吳) 여몽(呂蒙)

생몰 178~219　**이름(자)** 자명(子明)　**출생지** 여남군(汝南郡)

손책이 죽은 뒤 손권에게로 모인 우수한 인재 중 한 명. 그의 최대 공적은 역시 관우를 쓰러뜨린 것이다. 꾀병으로 방심하게 한 사이 형주를 빼앗고 결국 관우를 잡아 처형한 것이다. 하지만, 그 축하 연회 도중에 미쳐서 「내가 바로 관우다」라고 외치며 피를 토하다가 괴사하고 만다.

오(吳) 육손(陸遜)

생몰 183~245　**이름(자)** 백언(伯言)　**출생지** 오군오(吳郡吳)

손책이 죽은 뒤, 손권 아래 모인 신하 중 한 명. 그가 두각을 나타낸 것은 형주 공격 때의 일이다. 꾀병으로 일선에서 물러난 여몽 대신 군대를 통솔해서 관우가 방심하도록 만들어 형주를 점령한다. 게다가 의형제의 원수를 갚기 위해 흥분한 유비도 이릉전투에서 물리치고 이후에는 오나라를 대표하는 무장으로서 나라를 지킨다.

오(吳) 장굉(張紘)

생몰 ? **이름(자)** 자강(子綱) **출생지** 광릉군(廣陵郡)

장소와 함께 강동의 2장(二張)으로 불린 책사. 주유에게 추천받아 손책이 그를 불러들인다. 이후, 오나라의 중진으로 활약한다. 손책의 사자로 헌제에게 상주문(上奏文)을 올리는데 조조의 마음에 들지 않아 보류되었디고 한다. 이때 손책이 죽었기 때문에 조조는 군대를 움직이려고 했지만 장굉이 말려놓고 오나라로 돌아간다.

오(吳) 정보(程普)

생몰 ? **이름(자)** 덕모(德謀) **출생지** 유주 북평군(幽州北平郡)

손견, 손책, 손권 3대에 걸쳐 오나라를 섬긴 무장. 손견이 전국의 옥새를 손에 넣었을 때, 황금으로 보수한 흔적을 찾아내 진품임을 판별한다. 적벽대전에서는 부도독(副都督)으로 주유의 바로 아래 있었지만 불화하여 일을 그르칠 뻔하나 곧 주유의 실력을 인정하고 사과하여 주유도 그에게 경의를 표한다.

오(吳) 정봉(丁奉)

생몰 ? ~ 271 **이름(자)** 승연(承淵) **출생지** 여강(廬江)

손권이 손책의 뒤를 이었을 때 그의 부하가 된 사람 중 한 명. 적벽대전, 형주공격, 이릉전투 등 큰 전투에 참가해 무공을 올린다. 조비가 오나라를 공격해 왔을 때는 위나라의 명장인 장료를 활로 쏘아 죽게 만들고 손휴 시대에 승상이 된 손창이 전횡을 휘두르자 그를 제거하기 위한 책략을 세운다.

오(吳) 제갈각(諸葛恪)

생몰 203 ~ 253 **이름(자)** 원손(元遜) **출생지** 불명(不明)

제갈근의 아들. 어렸을 때부터 총명해서 손권이 그를 아꼈으나, 반면에 제갈근은 너무 총명해서 집을 망하게 하지는 않을지 걱정했다. 손권이 죽은 뒤에는 손량을 왕좌에 앉히고 오나라의 정치를 전담하지만 위나라에 진 것을 계기로 흔들리기 시작한다. 마지막에는 손준에게 죽임을 당하고 제갈근이 걱정한 대로 일가가 모두 살해당한다.

오(吳) 제갈근(諸葛瑾)

생몰 174 ~ 241　　**이름(자)** 자유(子瑜)　　**출생지** 낭사군양도현(琅邪郡陽都縣)

제갈량의 형. 노숙의 추천으로 손권을 섬기게 된다. 제갈량과 형제 관계였기 때문에 때때로 유비 진영에 사자로 보내지기도 했으나, 동생의 말주변이 좋아서 좋은 결과를 얻지는 못한다. 하지만 손권은 그를 신뢰하여 「동생에게 가서 돌아오지 않을겁니다」라고 신하가 간하여도 계속 그를 믿어주었다.

오(吳) 주태(周泰)

생몰 ? ~ 225　　**이름(자)** 유평(幼平)　　**출생지** 구강군 하제현(九江郡下蔡縣)

손책과 손권 2대에 걸쳐 섬긴 충직스러운 무장. 손권이 산적에게 공격 당했을 때 제 몸을 던져 지키고 자신은 전신에 12곳에 상처를 입지만, 화타의 치료를 받고 목숨을 건진다. 이후, 조조가 적벽대전의 보복으로 공격해 왔을 때에도 다시 상처투성이가 되면서까지 손권을 구해낸다.

기타(他) 기령(紀靈)

생몰 155 ~ 199　　**이름(자)** 불명(不明)　　**출생지** 산동(山東)

원술의 부하 장군으로 그의 부하 중에서는 가장 무용이 뛰어났다. 무게 50근(약 11킬로그램)의 첨도(尖刀)를 사용하고 유비가 공격하러 왔을 때는 관우와 호각을 이루며 싸웠다. 원술이 형에게 도망가려고 했을 때 옆에 있었지만, 그때 공격해 온 장비의 손에 죽는다.

기타(他) 도겸(陶謙)

생몰 132 ~ 194　　**이름(자)** 공조(恭祖)　　**출생지** 단양군(丹陽郡)

서주의 태수로서 반동탁연맹군에는 17제후의 한사람으로 참가한다. 그 뒤, 조조의 부친 조숭이 서주를 지날 때 환대하지만 부하가 돈에 눈이 멀어 조숭을 죽이고 만다. 이에 격분한 조조는 서주를 공격하고, 그 전투가 끝난 뒤 도겸은 지원하러 온 유비에게 서주를 부탁하고 세상을 떠난다.

기타(他) 마등(馬騰)

생몰 ? ~ 211　　**이름(자)** 수성(壽成)　　**출생지** 부풍군 무릉현(扶風郡茂陵縣)

서량의 태수. 마초의 아버지로 한수와 의형제를 맺었다. 반동탁연맹에도 17제후 중 한 명으로 참가했으며, 후에 조조가 헌제를 꼭두각시로 만들어 권력을 독점하자 유비와 함께 조조타도를 계획한다. 유비가 수도를 떠난 뒤 그도 양주로 돌아가지만 조조의 함정에 빠져 살해당한다.

기타(他) 맹획(孟獲)

생몰 ?　　**이름(자)** 불명(不明)　　**출생지** 불명(不明)

『삼국지연의』에서는 남만의 왕으로 나오지만 실제 역사에서 이름 외에 자세한 것은 알 수 없다. 위나라의 권유로 반란군을 일으키지만 남만을 제압하러 온 제갈량의 작전에 농락 당한다. 처음에는 자신의 군대로 싸우지만 뜻을 이루지 못하고, 주변의 동맹을 맺은 자에게 부탁하지만 그들도 패하고, 일곱 번 붙잡혔을 때 제갈량의 심복이 되어 귀순한다.

기타(他) 사마휘(司馬徽)

생몰 ? ~ 208　　**이름(자)** 덕조(德操)　　**출생지** 영천군(潁川郡)

수경선생(水鏡先生)이라는 호(號)를 가진 유명한 인물감정가. 형주에 은둔하고 있었지만, 채모의 추격으로부터 달아난 유비와 그의 제자가 우연히 만난다. 그것을 인연으로 유비에게 큰 뜻을 이루기 위해 필요한 것은 우수한 군사라고 설명하고, 복룡인 제갈량과 봉추인 방통 중 한 명을 얻으면 천하를 평정할 수 있다고 일러준다.

기타(他) 유기(劉琦)

생몰 ? ~ 209 **이름(자)** 불명(不明) **출생지** 불명(不明)

유표의 장남. 원래대로라면 그의 뒤를 이어야 하는 인물인데 총명했지만 몸이 병약했고, 채모를 비롯한 계모 채씨 일족이 자기가 낳은 둘째 유종을 지지했기 때문에 아버지 유표는 후계자 문제로 고민한다. 결국, 채씨 일족의 음모로 유표의 후계자는 유종이 되는데 유기는 유비에게 의지한다. 그 후 병에 걸려 죽는다.

기타(他) 유표(劉表)

생몰 142 ~ 208 **이름(자)** 경승(景升) **출생지** 산양군 고평현(山陽郡高平縣)

형주의 관리. 중국의 전략적 요충지인 형주를 가지고 있었으면서도 좀처럼 방침을 정하지 못하고 곁에 있는 우수한 인재를 활용하지도 못한다. 게다가, 유기와 유종을 두고 후계자 문제로 고민하다가 나라가 혼란스러워지고 결국엔 병으로 죽는다. 그 후에 후처인 채씨 일가의 음모로 형주를 물려받은 것으로 인해 유종이 조조에게 항복하는 결과를 낳는다.

기타(他) 헌제(獻帝) 「유협(劉協)」

생몰 181 ~ 234 **이름(자)** 백화(伯和) **출생지** 불명(不明)

영제의 둘째 아들로, 후한의 제14대이자 마지막 황제. 동탁이 즉위시키고 허수아비처럼 취급 받는다. 동탁이 죽은 뒤에는 이각과 곽사가 그 다음에는 조조가 각각 그를 앞세워 실권을 휘두른다. 몇 번이나 반(反)조조 책략을 세우지만 실패한다. 결국 그의 아들 조비에게 황제 자리를 양보할 수 밖에 없게 된다.

기타(他) 이각(李傕)

생몰 ? ~ 198　　**이름(자)** 치연(稚然)　　**출생지** 양주 북지군(凉州北地郡)

동탁의 부하 무장으로, 여포가 동탁을 죽인 뒤에는 친구이자 동료인 곽사와 함께 장안(長安)을 공격한다. 두 사람은 동탁 살해 음모를 꾸몄던 왕윤을 죽이고, 헌제를 꼭두각시처럼 부리며 정치의 실권을 장악한다. 그런데, 머지않아 사이가 멀어진데다가 헌제가 궁에서 달아나자 다시 손을 잡지만 결국 산적으로 전락해 마지막에는 두 사람 모두 살해 당한다.

기타(他) 좌자(左慈)

생몰 ?　　**이름(자)** 원방(元放)　　**출생지** 불명(不明)

오각선생(烏角先生)이라는 이름을 가진 방사(方士). 산중에서의 수행 끝에 얻은 「둔갑천서(遁甲天書)」 덕에 여러 가지 방술(方術)을 사용할 수 있었다. 그 기상천외한 기술(다른 사람이 벗기면 안이 텅 빈 밀감이, 그가 벗기면 안이 꽉 찬 열매가 한 가득, 등)로 조조를 완전히 농락하고, 마지막에는 그의 죽음을 예언하고 학을 타고 사라진다. 조조도 그에게 지고 만다.

기타(他) 진궁(陳宮)

생몰 154 ~ 198　　**이름(자)** 공태(公台)　　**출생지** 동군 동무성(東郡東武城)

동탁 암살에 실패하고 도망가다 조조와 만나 그의 큰 뜻에 감명한다. 그런데 그의 행동을 보고는 생각이 바뀌어 헤어지게 된다. 그 후 여포의 군사가 되어 조조의 배후를 공격하고 연주 공격이나, 서주를 빼앗는 것 등을 제안한다. 여포와 함께 붙잡혔을 때, 조조는 그의 사람 됨됨이가 아까워 그를 살리려 했으나 떳떳하게 죽는다.

기타(他) 초선(貂蟬)

생몰 ?　　**이름(자)** 불명(不明)　　**출생지** 불명(不明)

실제 역사에 등장하지 않는 가공인물(모델은 있다고 한다)로서 왕윤이 책략의 수단으로 기대를 걸고 있었던 노래하고 연주하는 가희로 여포와 동탁 양 쪽에 접근해 둘의 관계를 악화시키고, 결국 여포의 손에 동탁이 죽게 만든다. 그 후에는 여포에게 접근해서 그를 섬기고, 여포가 조조에게 처형당한 뒤에는 가족과 함께 허도를 떠난다.

기타(他) 화타(華陀)

생몰 ? ~ 208　　**이름(자)** 원화(元化)　　**출생지** 패국 초현(沛國譙縣)

전설적인 의료 기술을 가진 명의. 관우가 오른쪽 팔에 독화살을 맞았을 때 그것을 치료한다. 두통으로 괴로워하던 조조에게 불려갔을 때는 머리를 절개할 필요가 있다고 대답했다가 암살의 의심을 받고 투옥되어 그대로 죽는다. 그 후, 그가 남긴 의술서는 감옥을 지키던 사람에게 맡겨지지만 그의 부인이 태워버린다.

기타(他) 한수(韓遂)

생몰 ? ~ 215　　**이름(자)** 문약(文約)　　**출생지** 불명(不明)

병주의 자사. 서량의 영웅으로 마등과 의형제를 맺었다. 마등이 조조의 덫에 걸려 죽었을 때는 마등의 아들 마초를 잡아오라는 조조의 제안을 무시하고 마초와 함께 군대를 일으킨다. 하지만, 마초가 가후의 계략에 빠졌기 때문에 연합군은 분열되고 한수는 조조를 섬기게 된다.

기타(他) 화웅(華雄)

생몰 ? ~ 191　　**이름(자)** 불명(不明)　　**출생지** 관서(關西)

동탁의 부하 장군. 반동탁연맹군이 공격해 왔을 때, 동탁이 여포를 보내려 하자 「여포님이 나서실 것도 없습니다」라고 말하고 범수관(氾水關)을 지킨다. 범수관을 둘러싼 전투에서는 몇 명의 연합군 무장을 물리치고 손견을 쫓는 등 활약을 한다. 하지만 출진해 온 관우에게는 이기지 못하고 언월도에 의해 그대로 쓰러진다.

찾아보기

【ㄱ】

- 가위 · · · · · · · · · · · · · 134
- 가후 · · · · · · · · · 116, 123, 180
- 감령 · · · · · · · · · · · · · 192
- 감시대 · · · · · · · · · · · · 178
- 강동의 이장 · · · · · · · · · · 74
- 강유 · · · · · · · · · · · 137, 151
- 강족 · · · · · · · · · · · 116, 158
- 거기장군 · · · · · · · · · · · · 83
- 건곤일척 · · · · · · · · · · · · 32
- 건축명기 · · · · · · · · · · · 179
- 검 · · · · · · · · · · · · · · · 44
- 검각 · · · · · · · · · · · · · 164
- 견마지로 · · · · · · · · · · · · 32
- 계륵 · · · · · · · · · · · 32, 124
- 고람 · · · · · · · · · · · · · · 88
- 고육지계 · · · · · · · · · 32, 105
- 고정 · · · · · · · · · · · · · 142
- 공손연 · · · · · · · · · · · · 156
- 공손찬 · · · · · · · · · · · 51, 54
- 과일 · · · · · · · · · · · · · 177
- 곽가 · · · · · · · · · · · 70, 180
- 곽사 · · · · · · · · · · · · · · 58
- 관구검 · · · · · · · · · · · · 162
- 관성제군 · · · · · · · · · · · · 13
- 관우 · · · · · · · · · · · · · · 12
- 관우의 천리행 · · · · · · · · · 88
- 관제묘 · · · · · · · · · · · · · 13
- 관평 · · · · · · · · · · · · · 186
- 관흥 · · · · · · · · · · · 134, 186
- 구호탄랑계 · · · · · · · · · · · 64
- 군 · · · · · · · · · · · · · · 101
- 군웅할거 · · · · · · · · · · · · 34
- 권토중래 · · · · · · · · · · · · 32
- 귀족여성 · · · · · · · · · · · 174
- 그림의 떡 · · · · · · · · · · · 71
- 기령 · · · · · · · · · · · · · 196
- 기문둔갑 · · · · · · · · · · · 106

【ㄴ】

- 낙봉파 · · · · · · · · · · · · 118
- 남하정책 · · · · · · · · · · · 104
- 노 · · · · · · · · · · · · · · · 45
- 노번 · · · · · · · · · · · · · 193
- 노숙 · · · · · · · · · · · 104, 108
- 노식 · · · · · · · · · · · · 40, 43
- 농민 · · · · · · · · · · · · · 174
- 누선 · · · · · · · · · · · · · 111
- 능통 · · · · · · · · · · · · · 193

【ㄷ】

- 단금지교 · · · · · · · · · · · · 25
- 단기돌파 · · · · · · · · · · · · 17
- 단복 · · · · · · · · · · · · · · 95

담대심소 · · · · · · · · · 33	목 · · · · · · · · · 100
대교 · · · · · · · · · 193	목우 · · · · · · · · · 19, 144
대사마 · · · · · · · · · 76, 100	몽충 · · · · · · · · · 110
대장군 · · · · · · · · · 100	무군장군 · · · · · · · · · 136
도겸 · · · · · · · · · 60, 197	무장 · · · · · · · · · 175
도원결의 · · · · · · · · · 40	무제 · · · · · · · · · 131
동귀비 · · · · · · · · · 84	문제 · · · · · · · · · 23
동승 · · · · · · · · · 83	문추 · · · · · · · · · 88, 90
동오의 덕왕 · · · · · · · · · 74	문흠 · · · · · · · · · 162
동윤 · · · · · · · · · 186	미녀연표계 · · · · · · · · · 52
동진 · · · · · · · · · 168	미염공 · · · · · · · · · 13
동탁 · · · · · · · · · 28, 46	미자공 · · · · · · · · · 13
등애 · · · · · · · · · 171	미축 · · · · · · · · · 188
등지 · · · · · · · · · 186	

=== 【 ㅁ 】 ===

=== 【 ㅂ 】 ===

마등 · · · · · · · · · 83, 116, 197	박망파 · · · · · · · · · 96
마량 · · · · · · · · · 128, 187	반간지계 · · · · · · · · · 116
마상득지 · · · · · · · · · 33	반동탁연맹 · · · · · · · · · 29
마속 · · · · · · · · · 187	발석차 · · · · · · · · · 86
마초 · · · · · · · · · 116, 187	방덕 · · · · · · · · · 121, 128, 188
마초군 · · · · · · · · · 116	방적 · · · · · · · · · 161
맹달 · · · · · · · · · 187	방통 · · · · · · · · · 105, 109
맹획 · · · · · · · · · 197	백미 · · · · · · · · · 33, 114
면류 · · · · · · · · · 177	법정 · · · · · · · · · 118, 188
모 · · · · · · · · · 45	변 · · · · · · · · · 46
모실 · · · · · · · · · 178	변씨 · · · · · · · · · 122
	병사 · · · · · · · · · 175

찾아보기

복룡 · · · · · · · · · · 94
복완 · · · · · · · · · · 120
복황후 · · · · · · · · · · 120
봉추 · · · · · · · · · · 94
부수관 · · · · · · · · · · 118
분골쇄신 · · · · · · · · · · 33
비도 · · · · · · · · · · 145
비위 · · · · · · · · · 158, 189
비육지탄 · · · · · · · · · 32, 93
비차 · · · · · · · · · · 144

───── 【 ㅅ 】 ─────

17제후 · · · · · · · · · · 48
사공 · · · · · · · · · · 100
사도 · · · · · · · · · · 100
사마사 · · · · · · · · · 137, 159, 180
사마소 · · · · · · · · · 163, 181
사마염 · · · · · · · · · 166, 171
사마유 · · · · · · · · · · 166
사마의 · · · · · · · · · 137, 146, 151
사마충 · · · · · · · · · · 168
사마휘 · · · · · · · · · · 94, 197
사모 · · · · · · · · · · 15
사자 · · · · · · · · · · 104
삼고초려 · · · · · · · · · 11, 32, 33, 94
삼공 · · · · · · · · · · 100, 136
삼공제 · · · · · · · · · · 96

상방곡 · · · · · · · · · · 154
상산의 조자룡 · · · · · · · · 17
서서 · · · · · · · · · 95, 181
서진 · · · · · · · · · · 168
서황 · · · · · · · · · 128, 181
성도 · · · · · · · · · 118, 164
소교 · · · · · · · · · · 194
소차 · · · · · · · · · · 86
소패성 · · · · · · · · · · 64
소패왕 · · · · · · · · · · 74
손견 · · · · · · · · · · 25, 51
손권 · · · · · · · · · · 26
손등 · · · · · · · · · · 153
손량 · · · · · · · · · · 153, 160
손부인 손인 · · · · · · · · 194
손준 · · · · · · · · · · 160
손책 · · · · · · · · · · 24
손호 · · · · · · · · · · 170
손화 · · · · · · · · · · 153
수어지교 · · · · · · · · · · 32
순욱 · · · · · · · · · · 62, 64, 181
순유 · · · · · · · · · · 91
술 · · · · · · · · · · 177
시황제 · · · · · · · · · · 74
식기 · · · · · · · · · · 177
십상시 · · · · · · · · · · 37, 46

三國志 203

【ㅇ】

아두 · · · · · · · · · · · · · 98
악진 · · · · · · · · · · · · · 182
안량 · · · · · · · · · · · 88, 90
양송 · · · · · · · · · · · · · 121
양수 · · · · · · · · · · · · · 182
양의 · · · · · · · · · · · · · 189
양호 · · · · · · · · · · · · · 168
엄안 · · · · · · · · · · · · · 189
여몽 · · · · · · · · · · · 128, 194
여범 · · · · · · · · · · · · · 74
여포 · · · · · · · · · · · 30, 60
연노 · · · · · · · · · · · 19, 145
연왕 · · · · · · · · · · · · · 156
연환지계 · · · · · · · · · · · 105
연회 · · · · · · · · · · · · · 176
영제 · · · · · · · · · · 36, 37, 39
오관육참 · · · · · · · · · · · 88
오대십국시대 · · · · · · · · · 74
오두미도 · · · · · · · · · · · 121
오합지중 · · · · · · · · · · · 33
오호대장군 · · · · · · · · · · 17
옥새 · · · · · · · · · · · · · 56
옹주 · · · · · · · · · · · · · 158
옹합 · · · · · · · · · · · · · 142
왕 · · · · · · · · · · · · · · 100
왕윤 · · · · · · · · · · · 29, 47
왕평 · · · · · · · · · · · · · 189
왕표 · · · · · · · · · · · · · 161
요시카와 삼국지 · · · · · · · · 172
요코야마 미쯔테루 · · · · · · · 172
요화 · · · · · · · · · · · · · 190
우군사 · · · · · · · · · · · · 137
우금 · · · · · · · · · · · 23, 182
우길 · · · · · · · · · · 25, 77, 78
우장군 · · · · · · · · · · · · 136
운제 · · · · · · · · · · · · · 87
원소 · · · · · · · · · · · · · 50
원술 · · · · · · · · · · · 25, 50
위연 · · · · · · · · · · · · · 150
위왕 · · · · · · · · · · · · · 122
위장군 · · · · · · · · · · · · 136
유기 · · · · · · · · · · 92, 114, 198
유마 · · · · · · · · · · · 19, 144
유봉 · · · · · · · · · · · · · 190
유비 · · · · · · · · · · · · · 10
유선 · · · · · · · · · · 70, 134, 164, 170
유장 · · · · · · · · · · · · · 190
유표 · · · · · · · · · · · · · 198
유협 · · · · · · · · · · · · · 198
육손 · · · · · · · · · · · 128, 194
읍참마속 · · · · · · · · · · 32, 148
이각 · · · · · · · · · · · 58, 199
이궁의 난 · · · · · · · · · · · 153

찾아보기

이릉전투 · · · · · · · · 134	장완 · · · · · · · 158, 191
이문열 · · · · · · · · · 172	장판교 · · · · · · · · · 15
이엄 · · · · · · · · · · 190	장판교 전투 · · · · · · · 98
이유 · · · · · · · · · · · 53	장판전투 · · · · · · · · 17
이일경백 · · · · · · · · · 33	장포 · · · · · · · 134, 192
이저 · · · · · · · · · · 191	장합 · · · · · · · · 88, 127
이전 · · · · · · · · · · 182	적노 · · · · · · · · · · 93
이호경식계 · · · · · · · · 64	적마 · · · · · · · · · · 111
익주 · · · · · · · · · · · 11	적벽대전 · · · · · · · · 11
익주전 · · · · · · · · · · 15	적토마 · · · · · · · · · 31
일기당천 · · · · · · · · · 33	전공주 · · · · · · · · · 153
임해군 · · · · · · · · · 161	전군사 · · · · · · · · · 137
	전위 · · · · · · · · · · 183
【 ㅈ 】	전장군 · · · · · · 136, 137
자사 · · · · · · · · 68, 100	정 · · · · · · · · · · · 111
잡호장군 · · · · · · · · 137	정보 · · · · · · · · · · 195
장각 · · · · · · · · 40, 43	정봉 · · · · · · · · · · 195
장광 · · · · · · · · · · 74	정욱 · · · · · · · · · · 183
장굉 · · · · · · · · · · 195	제갈각 · · · · · · · 160, 195
장량 · · · · · · · · · · · 42	제갈근 · · · · · · · · · 196
장로 · · · · · · · · 116, 126	제갈량 · · · · · · · · · 18
장료 · · · · · · · · · · · 91	제갈첨 · · · · · · · · · 164
장막 · · · · · · · · · · · 60	제갈탄 · · · · · · · 163, 183
장보 · · · · · · · · · · · 42	조모 · · · · · · · · · · 163
장비 · · · · · · · · · · · 14	조미료 · · · · · · · · · 176
장소 · · · · · · · 74, 79, 104	조방 · · · · · · · · · · 156
장송 · · · · · · · · 118, 191	조비 · · · · · 22, 71, 122, 131

조상	184		

조상 · · · · · · · · · · · · 184
조숭 · · · · · · · · · · · · · 60
조식 · · · · · · · · 23, 122, 184
조예 · · · · · · · · · · 146, 184
조운 · · · · · · · · · · · 16, 92
조인 · · · · · · · · · · · 76, 112
조조 · · · · · · · · · · · · · 20
조진 · · · · · · · · · · 150, 156
조환 · · · · · · · · · · · · · 166
조휴 · · · · · · · · · · · · · 184
종회 · · · · · · · · · · · · · 185
좌군사 · · · · · · · · · · · · 137
좌자 · · · · · · · · · · · · · 199
좌장군 · · · · · · · · · · · · 136
주방 · · · · · · · · · · · · · 178
주식 · · · · · · · · · · · · · 176
주요리 · · · · · · · · · · · · 176
주유 · · · · · · · · · · · 25, 109
주전론 · · · · · · · · · · · · 105
주창 · · · · · · · · · · · · · 192
주치 · · · · · · · · · · · · · · 74
주태 · · · · · · · · · · · · · 196
주포 · · · · · · · · · · · · · 142
중왕조 · · · · · · · · · · · · · 67
중화요리 · · · · · · · · · · · 177
진궁 · · · · · · · · · · · 60, 199
진동장군 · · · · · · · · · · · 137

【 ㅊ 】

차기장군 · · · · · · · · 136, 137
창 · · · · · · · · · · · · · · · 45
채모 · · · · · · · · · · · · · · 92
천재군사 · · · · · · · · · · · 144
천하삼분계 · · · · · · · · · · · 19
천하삼분지계 · · · · · · · · · · 94
천하이분지계 · · · · · · · · · 112
철편 · · · · · · · · · · · · · 145
청룡언월도 · · · · · · · · · · · 13
청류파 · · · · · · · · · · · · · 36
청주황건 · · · · · · · · · · · · 59
초선 · · · · · · · · · · · 29, 199
촉왕조 · · · · · · · · · · · · 132
출사표 · · · · · · · · · · · · 148
출장입상 · · · · · · · · · · · · 33
출제 · · · · · · · · · · · · · · 74
충차 · · · · · · · · · · · · · · 87

【 ㅋ 】

칼 · · · · · · · · · · · · · · · 44
키타카타 켄조 · · · · · · · · 172

【 ㅌ 】

탁류파 · · · · · · · · · · · · · 36
태부 · · · · · · · · · · · · · 100
태사자 · · · · · · · · · · · 74, 79

찾아보기

태위 · · · · · · · · · · · 100, 136
태종 · · · · · · · · · · · · · · 74
태평도 · · · · · · · · · · · · · 40
투선 · · · · · · · · · · · · · · 110

【 ㅍ 】

파죽지세 · · · · · · · · · · · 33
팔왕의 난 · · · · · · · · · · 168
팔진도 · · · · · · · · · · · · 141
팔진의 석진 · · · · · · · · · 140
폐제변 · · · · · · · · · · · · · 38
표기장군 · · · · · · · · · 136, 137

【 ㅎ 】

하진 · · · · · · · · · · · · 39, 46
하황후 · · · · · · · · · · · 38, 46
하후돈 · · · · · · · · · · · 68, 185
하후연 · · · · · · · · · · · · · 126
하후패 · · · · · · · · · · · · · 158
학소 · · · · · · · · · · · · · · 148
한복 · · · · · · · · · · · · · · 54
한수 · · · · · · · · · · · · · · 200
한왕조 · · · · · · · · · · · · · 37
한중 · · · · · · · · · · · · · · 15
허공 · · · · · · · · · · · · · · 77
허도 · · · · · · · · · · · · · · 63
허유 · · · · · · · · · · · · · · 88
허저 · · · · · · · · · · · · · · 185
헌제 · · · · · · · · · · · · · · 198
헌제파 · · · · · · · · · · · · · 82
현 · · · · · · · · · · · · · · · 101
현령 · · · · · · · · · · · · · · 101
현장 · · · · · · · · · · · · · · 101
형앙 · · · · · · · · · · · · · · 130
형주 · · · · · · · · · · · · · · 115
호로관 · · · · · · · · · · · · · 48
호부무견자 · · · · · · · · · · · 33
화웅 · · · · · · · · · · · · · · 200
화타 · · · · · · · · · · · · · · 200
활 · · · · · · · · · · · · · · · 45
황개 · · · · · · · · · · · 105, 108
황건적의 난 · · · · · · · · · · 21
황보숭 · · · · · · · · · · · · · 40
황석영 · · · · · · · · · · · · · 172
황승언 · · · · · · · · · · · · · 141
황제 · · · · · · · · · · · 100, 175
황조 · · · · · · · · · · · · · · 78
황충 · · · · · · · · · · 114, 127, 134
황호 · · · · · · · · · · · 164, 192
후군사 · · · · · · · · · · · · · 137
후장군 · · · · · · · · · · · 136, 137
흉노 · · · · · · · · · · · · · · 168

SMART 삼국지

2012년 4월 12일 초판인쇄
2012년 4월 20일 초판발행

저　　자 : 에노모토 아키(榎本 秋)
발 행 인 : 김 길 현
발 행 처 : 도서출판 골든벨
등　　록 : 제3-132호(87.12.11)
　　　　　　　　　　ⓒ 2012 Golden Bell
ISBN : 978-89-97571-09-3

이 책을 만든 사람들

번　　역 : 이보람	교　　정 : 김길현, 유병룡, 지아라
본문디자인 : 김재모	일 러 스 트 : 유병룡
커버디자인 : 유병룡, 최동규	제 작 진 행 : 최병석
공 급 관 리 : 오민석, 김경아, 남윤정	오프라인 마케팅 : 우병춘, 강승구

- 주소 : 140-100 서울특별시 용산구 백범로 90 라길 14(문배동 40-21)
- TEL : (02)713-4135 ● FAX : (02)718-5510
- E-mail : 7134135@naver.com ● http://www.gbbook.co.kr

※ 파본은 구입하신 서점에서 교환해 드립니다.

※ 이 책은 일본의「신성출판사」와 한국의 도서출판「골든벨」과의 한국어 번역판 독점출판 계약을 맺었으므로 무단 전재와 무단 복제를 금합니다.

정가 13,000원